经济学博士文库

中国公司并购中政府干预效应及其职能定位研究

魏 星◎著

Research on Government Intervention and
Function Positioning in
Enterprise M&A in China

经济管理出版社
ECONOMY & MANAGEMENT PUBLISHING HOUSE

图书在版编目（CIP）数据

中国公司并购中政府干预效应及其职能定位研究/魏星著 . —北京：经济管理出版社，2016.9

ISBN 978 - 7 - 5096 - 4571 - 0

Ⅰ.①中⋯　Ⅱ.①魏⋯　Ⅲ.①行政干预—影响—企业兼并—研究—中国　Ⅳ.①F279.21

中国版本图书馆 CIP 数据核字（2016）第 204107 号

组稿编辑：陈　力
责任编辑：陈　力　舒　林
责任印制：黄章平
责任校对：赵天宇

出版发行：经济管理出版社
　　　　　（北京市海淀区北蜂窝 8 号中雅大厦 A 座 11 层　100038）
网　　　址：www. E - mp. com. cn
电　　　话：（010）51915602
印　　　刷：北京九州迅驰传媒文化有限公司
经　　　销：新华书店
开　　　本：720mm × 1000mm/16
印　　　张：10
字　　　数：168 千字
版　　　次：2017 年 3 月第 1 版　　2017 年 3 月第 1 次印刷
书　　　号：ISBN 978 - 7 - 5096 - 4571 - 0
定　　　价：42.00 元

全球化背景下政府参与的中国企业并购
（代序言）

刘迎秋

  企业并购（Mergers and Acquisitions，简称 M&A），既是一个与市场竞争相伴而生的经济现象，又是一个助推资本迅速扩张的基本途径和支持企业快速发展的重要手段。自 19 世纪 80 年代后期在英美等国发生第一次大规模企业并购以来，全球先后共发生过六次规模较大的并购浪潮。现在回过头去看，这六次企业并购浪潮几乎都是在先行工业国家伴随机器大工业迅速兴起、市场竞争不断加剧和产业重组迫切要求等条件下发生的。六次并购浪潮不仅有力地提高了那些国家的资源配置效率、促进了并购企业的规模化成长，而且有力地带动了产业的重组、技术的更新和规模经济的更大发展。特别是第二次世界大战后发生的四次并购浪潮，不仅有力地推动和促成了经济的全球化发展，而且还使原本相互分割的国别经济和区域经济迅速成长为带有"地球村"特征的全球化互联互通经济。

  20 世纪 90 年代后半期中国的企业开始在本土范围内进行并购尝试。但是，由于当时的企业并购无论在范围上，还是在规模上都还很小，因此还很难将其归并到全球性并购大潮之中。例如，1993 年深宝安收购延中实业虽然拉开了中国上市公司并购的序幕，但直到 1997 年~2002 年间中国本土实际发生的上市公司并购案例也仅有 500 多件。中国企业开始卷入全球跨国企业并购大潮，是在 21 世纪初中国重回世贸组织之后发生的。中国企业卷入和参与并购大潮的过程，最初是由外资并购中国企业得以启动，此后我国企业才开始初步理解并着手实施并购外国企业。大规模的、有资源配置目标指向的中国企业对外并购发生在中国经济活动总量于 2010 年超过日本成为全球第二大经济体之后，尤其是近两三年间。据有关资料显示，2014 年中国上市公司先后公告 475 次并购重组事项、并购涉及交易金额 2306.29 亿元人民币，平均每单交易 10.63 亿元人民币；2015 年上述三项指标分别为 1444 次、15766.49 亿元人民币和 20.14 亿元人民币，增长率分别高达 200%、580% 和 100%，带有明显的井喷式发展特征。到 2016 年底，中国企业的跨国并购已经超出了早期更多集中于资源性并购（如矿山、油田、林场等）、品牌性并购（如汤普森、IBM 等）、销售渠道性并购倾向，开始转向先进制造和信息产业的并购（如华为、福耀玻璃以及阿里巴巴等），此间的并购金额也超过了其他国家、跃居世界第一。

纵观中国企业从本土走向全球的并购过程，其动力，一是源于中国市场经济的快速发展，二是源于中国经济实力的大幅度提升，三是源于中国政府的积极参与。特别值得一提的是，自 2010 年 8 月国务院颁布《国务院关于促进企业兼并重组的意见》以来，各地区各部门支持企业兼并重组的配套政策也相继出台，进一步加速和提升了中国企业并购的规模和质量。到目前为止，以兼并重组为主要载体的企业并购，已经成为资源优化配置、经济结构转型调整、产业结构升级换代和国民经济国际化发展的强有力抓手和重要助推器。一场有政府参与的、国内外市场并举的、声势日益增强的企业并购浪潮正在神州大地悄然兴起。

人们已经普遍注意到，就在中国企业如火如荼、积极投身生产经营国际化、全面参与全球化的时候，美国新任总统唐纳德·特朗普（Donald Trump）却从"美国优先"和"基于美国国家利益的公平贸易"的立场出发举起了"逆全球化"大旗。毫无疑问，经济全球化（Economic Globalization）是人类社会进步和市场经济深入发展的内在要求和必然产物，任何力量都不可阻挡。但是，特朗普的"逆全球化"政策及其强力推行，难免会给我国企业跨国并购以及经济全球化进程带来众多挑战。显然，在这样一个历史背景和条件下，深入研究中国企业并购，包括本土企业间并购和跨国企业并购，特别是着重深入研究和探索我国政府参与企业并购的行为特征及其规律性特点，并由此更好推进和提升我国企业的本土并购和跨国并购规模和质量，更好推动我国经济持续中高速增长、中高端发展，也就有了特别重要的理论价值和实践意义。

大量经验资料表明，各国政府都高度重视企业并购。这主要是由三个原因决定的：一是企业并购的过程必然涉及多个市场主体，市场主体之间的不同利益诉求及其竞争难免引发不规范行为、甚至不正当竞争，从而需要政府出面通过规制加以调节，以维护市场公平；二是企业并购的结果必然导致企业产权及其实际控制权的转移与集中，从而有可能产生或带来某种垄断、甚至导致市场失灵，这种现象的广泛存在也在客观上要求政府出面通过行政规制和法律手段对并购行为加以管理和调节，以保证和实现市场公平；三是资源的稀缺性和有限性，客观上要求更有效地配置国民经济资源，但企业只能在微观层面上实现局部资源的有效配置，无法在中观和宏观层面上保证和实现国民经济资源的整体有效配置，因而也在客观上要求政府出面干预企业并购以实现对国民经济资源进行中观和宏观层面的有效配置。

然而，由于制度以及体制机制的不同，不同国家的不同政府对企业并购行为的管控与调节往往有很大不同。西方发达市场经济国家对企业并购问题的管控与调节，常常表现为多用规制、少用干预，几乎不直接参与企业的并购。例如，美国于1890年出台的全球第一部反垄断法即《谢尔曼法》以及1914年对其修改后出台的《克莱顿法》和1968~1992年期间陆续颁布的四部企业兼并准则等等，都具有明显的借政府规制和法律规范干预、管控和调节企业并购及其行为的特征。德国政府于1909年颁布《反不正当竞争法》、1957年颁布《反对限制竞争法》以及日本政府于1947年制定并经多次修改颁实施的《禁止私人垄断及确保公正交易法》等等，也都是通过政府规制干预和调节企业并购行为、保证市场公平竞争、推动和促进资源有效配置的典型作法。

我国实行的是充分发挥市场决定作用和更好发展政府作用体制机制。由于到目前为止我国经济社会仍处于制度转轨、体制转型和国民经济结构持续大规模调整与转型升级阶段，市场经济体制机制还不健全，市场竞争也还存在众多不规范、资源优化配置体制机制还不健全，因此，还仍然需要有一个"服务有为"的政府参与到经济社会生活的方方面面、特别是企业并购和产业重组的过程中来。这是特定历史条件和特定社会环境对政府职能定位的特定要求。这个特定要求在客观上决定了我国政府参与、特别是干预企业并购行为以及并购市场发展的过程，一定会有许多不同于其他市场经济国家的特征和特点。深入研究和阐明我国政府参与企业并购、干预企业并购行为、调节企业并购市场的动因、方式及其效果等等，也就成了摆在理论研究工作者面前的一项重要任务。在这方面，魏星博士以《中国公司并购中政府干预效应及其职能定位研究》为题，进行了较为深入研究与探索，给出了具有重要理论价值和实践意义答案。

首先，为深入解析我国政府干预企业并购的动因、行为方式与特征及其绩效，作者首先对企业并购和政府干预理论及其相关文献进行了较为系统的梳理，并在此基础上借鉴结构主义经济学关于"动因决定行为，行为决定绩效"的逻辑关系和现代产业组织理论，构建了自己的理论分析和实证研究基本框架。

其次，运用比较经济学纵向历史分析和横向对比分析方法，分析和阐明了我国政府干预企业并购的特殊制度背景和体制机制原因，归纳总结和正面揭示了我国政府干预企业并购的行为方式所具有的阶段性特征及其具体特点，分析和得出了在存在国有企业"准并购"和政府干预"诺斯悖论"情况下，政府干预无助于资源配置效率的最大化。

第三，作者运用 DID 统计分析方法，通过对 2007～2009 年间沪、深两市发生的 110 起并购事件涉及的企业资产周转率、营业利润率等 12 个变量进行回归分析，得出了无论是从短期角度看、还是从长期角度看，地方政府干预的企业并购绩效均劣于非地方政府干预的企业并购绩效。

最后，在总结我国政府在企业并购中出现的职能越位和职能缺位及其发生机理基础上，从市场化主体培育、市场环境建设、社保体系完善、消除歧视、产权保护等五个方面分析和阐明了政府有效干预企业并购、提高企业并购绩效的政策建议。

总之，在本书中，作者注重企业并购过程中的政府干预行为分析，有效克服了以往研究过于偏重政府干预动因研究、较少关注政府干预行为分析的倾向，正确有效运用现代经济学分析工具和方法，正面分析和阐明了自己的逻辑结论，在企业并购理论研究领域做出了自己的贡献。在本书即将付梓出版之际，作为作者当年攻读博士学位期间的指导教师，对他在博士学位论文基础上通过充实提高形成的这样一个阶段性研究成果，感到十分高兴，愿为其做序、以示开篇。相信并希望作者在后续的博士后研究和未来工作实践中继续努力，深入探索，为我国企业并购理论和实践的发展提出更多更好和更有价值的学术研究成果。

目录

第一章 导论

第一节 选题背景和研究意义

一、选题背景

公司并购重组是资本扩张的重要手段，通过并购重组实现资源优化配置是资本运营的重要功能，也是实现资本低成本扩张，形成规模效应的手段，还是市场经济中企业迅速成长的基本途径。19世纪末以来，全球范围内已经爆发了六次大规模企业并购浪潮，对全球经济发展产生了深远的影响。而且无论从交易数量还是交易规模来看，每次浪潮都高过前一次浪潮。正如美国著名经济学家、诺贝尔经济学奖获得者斯蒂格勒在其《通向垄断和寡占之路——兼并》一文中所说的："一个企业通过兼并其竞争对手的途径成为巨型企业是现代经济史上一个突出现象。""没有一个美国大公司不是通过某种程度、某种方式的兼并收购而成长起来的，几乎没有一家大公司是主要靠内部扩张成长起来的。"今天被人们所熟知的许多世界500强企业，如杜邦、通用、宝洁、美孚石油公司等，都是在历次并购浪潮中，经过一系列的扩张并购而迅速崛起的。由此可见，成功的并购对于一个企业的发展壮大会起到至关重要的推动作用。也正因为如此，公司并购始终都是全球经济学界谈论和研究的热门话题。

（一）后金融危机时代，全球并购市场缓慢复苏，中国市场风景独好

2004～2007 年，全球并购市场迎来了第六次并购浪潮。据汤姆森金融公司发布的统计数据，2005 年、2006 年、2007 年三年，全球企业总并购金额分别达到 2.9 万亿美元、3.79 万亿美元、4.4 万亿美元，分别较上年同比增长 40%、38% 和 21%。其中有 55 起交易的金额超过 100 亿美元。并购交易的热点区域之一依然是美国和欧洲。美国为 1.56 万亿美元，比上年增长 36%。2007 年，美国企业并购总额达 17560 亿美元，增长了 30%。2006 年，欧洲并购交易比 2005 年增长 39%。交易总额为 1.43 万亿美元。其中较为突出的几大并购案例是：法国的苏伊士集团和法国燃气公司的并购案、德国 E. ON 公司和西班牙电力并购案、美国第一数据公司 270 亿美元的并购案等。在第六次全球企业并购浪潮中，虽然总体上看，发达国家在全球并购市场中仍然占据主导地位，但亚洲和拉美等新兴市场经济国家，尤其是中国、巴西、俄罗斯、印度、墨西哥等开始崭露头角，日益成为全球企业并购市场中不可忽视的角色。2004～2007 年，这些国家企业完成的并购交易数量在全球企业并购交易中所占比重已经从 2.8% 上升到 5.4%。尤其在跨国并购中，新兴市场经济国家企业并购发达国家企业资产的交易金额所占比重从 0.2% 上升到 1.4%，同时，新兴市场经济国家企业相互之间进行的并购交易也发展迅速。其中，2005 年中国联想公司以近 18 亿美元价格收购美国 IBM 公司的个人电脑业务，以及 2007 年俄罗斯联合铝业公司斥资 133 亿美元收购俄罗斯诺里尔斯克镍公司 25% 的股份等大型并购交易都引起了全球经济界的广泛关注。

2007 年，由美国次贷危机引发的百年一遇的金融危机深刻改变了全球的金融格局和经济大势。在这次危机中，许多著名企业遭受沉重打击，如贝尔斯登、雷曼兄弟公司相继破产，通用汽车申请破产保护，整个华尔街风声鹤唳。接踵而至的欧债危机使得世界经济形势雪上加霜，全球金融市场陷入一片凄风楚雨，并购市场自然难以幸免。在此经济环境中，根据金融数据提供商 Dealogic 公司调查的数据，2009 年第一季度全球并购市场跌至 2004 年第三季度以来的季度最低水平。2009 年第一季度全球范围内公布价格的并购事件总并购金额仅为 5249 亿美元，并购交易数量为 6866 件，两者均同比下降 36%。全球并购总交易金额在 2007 年达到 46240 亿美元的顶峰后，2008 年即迅速跌落至 31600 亿美元，2009 年更是只有 22950 亿美元的惨淡表现，创下 2004 年以来的历史新低，环比分别下跌 31.7% 和 27.4%。与此相仿，全球跨国并购交易额也于 2007 年达到 18020

亿美元的历史新高后，2008 年、2009 年迅速跌落至 11180 亿美元和 5980 亿美元，环比分别下跌 38% 和 46.5%。

2010 年，在全世界各国政府、企业的共同努力下，经济形势有所缓和，全球并购市场逐渐挣脱金融危机的阴霾，大幅回暖，并购总交易金额反弹至 28240 亿美元，环比上升 23%。2011 年的上半年继续强劲上扬，但是因欧债危机对全球并购市场的影响扩散，2011 年下半年全球并购市场小幅受挫，增长放缓，并购交易晴转多云，市场增长呈放缓趋势，全年并购总交易金额 28000 亿美元，比上年略有减少。因此，在后金融危机时代，尽管全球经济渐现曙光，但发达国家地区尤其是欧洲地区经济仍处于痛苦的调整期，投资人的信心未完全恢复，抑制了市场并购需求，全球并购市场复苏缓慢。

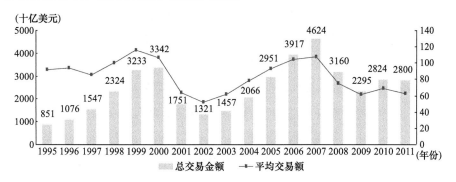

图 1 - 1 全球并购交易额

注：1995 年以来，全球并购经历了两轮周期性发展，2000 年与 2007 年达到顶峰。金融危机爆发后迅速回落，2009 年到达低谷，后逐渐复苏。

资料来源：Dealogic。

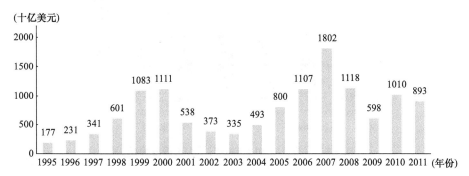

图 1 - 2 全球跨国并购交易额

资料来源：Dealogic。

与步履维艰的全球并购市场形成鲜明对比的是，中国并购市场一枝独秀，"风景这边独好"，在中国经济持续快速发展和产业整合加速趋势推动下，取得了令人瞩目的迅猛增长，金融危机的负面影响似乎并不明显，反而提供了新的机遇。根据图1-3可见，2006~2012年，中国并购市场无论是并购数量还是并购金额都持续稳步增长，尤其是2007~2009年金融危机最为严重的时期，仍保持了很好的增长趋势。而到了2011年，并购活跃度和并购金额创下六年以来历史新高，共完成1157起并购交易，披露价格的985起并购交易总金额达到669.18亿美元。与2010年完成的622起案例相比，同比增长高达86.0%，并购金额同比增长92.3%。① 更加难能可贵的是，中国并购市场呈现出了国内和海外"两翼齐飞"的良好态势。从图1-4可见，中国企业国内并购交易案例数量从2006年起就持续增长，2011年甚至达到了981起，已是2006年101起的近10倍。而交易金额在2008年取得236.42亿美元的傲人战绩后，2011年又再次刷新纪录，达到319.59亿美元，一派欣欣向荣的景象。而图1-5则展现了我国企业海外并购的腾飞之路，并购数量和金额屡创新高。尤其是金融危机后的表现更加亮眼。自2008年起，中国企业在海外并购市场就高歌猛进，2011年取得了比上年业绩翻番的生猛表现，2012年则百尺竿头更进一步，以298.25亿美元的总金额书写了海外并购的历史，体现了中国企业抓住历史机遇，化"危"为"机"的能力。

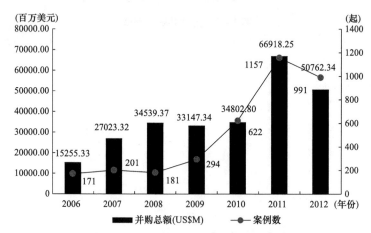

图1-3　2006~2012年中国并购市场发展趋势

资料来源：清科数据库2013.01。

---

① 清科研究中心：《今年中国企业海外并购料回暖》，证券日报，2012年2月9日。

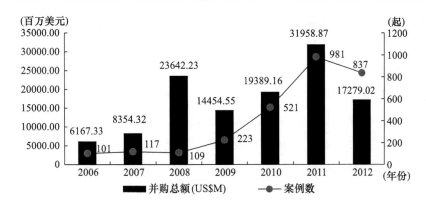

图 1 - 4 2006 ~ 2012 年中国企业国内并购趋势

资料来源：清科数据库 2013。

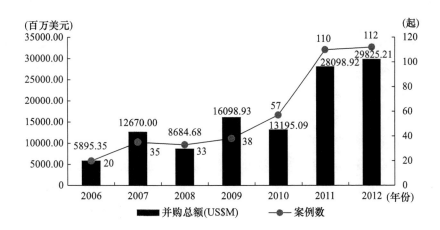

图 1 - 5 2006 ~ 2012 年中国企业海外并购趋势

资料来源：清科数据库 2013。

中国并购市场的强劲表现是由多方面因素促成的。首先体现在政策层面，在中央政府的着力主导下，一系列产业规划的出台和落实，"调结构"目标稳步推进，产业整合、转移和升级的逐步实现，为并购市场注入了活力和动力。并且，国家出台外资并购、重大资产重组等新的并购政策，对中国的并购市场起到了良好的规范和引导作用。其次体现在地方政府层面，各地政府部门出于各种考量，积极出台政策，配套各种资源，完善各项服务，鼓励优势企业进行资产并购整合。再次体现在企业层面，改革开放以来，中国的企业在激烈的市场竞争中日渐成熟和强大，各个行业的龙头实力雄厚，在并购市场起着主导作用，对行业内中小企业的兼并收购促进了行业持续快速的发展和整合。根据清科研究中心数据，"2010~2011年，从并购数量来看，上市公司作为并购方主导的并购占总数的45.3%；从并购金额来看，上市公司作为并购方的交易金额占总金额的38.1%。由此可见，上市公司在中国并购市场起着举足轻重的作用"[1]。最后体现在国际环境层面，席卷全球的金融危机为欲在海外并购市场上一展身手的中国企业提供了千载难逢的良机，将再次激发中国企业海外"抄底"的万丈雄心。越来越多富有创新意识、锐意进取的中国企业开始"走出去"，参与境外企业的并购。欧美发达国家由于受到金融危机的重创，正经历痛苦的调整期，复苏相对缓慢，失业率高企，消费和投资活动始终处于相对低迷状态。而中国作为迅速崛起的新兴经济体，"金砖四国"之一，在后金融危机时代依然保持着良好的经济增长态势，国家整体实力日益增强，在国家鼓励和支持有实力企业"走出去"的政策环境下，众多资金储备雄厚、积极打造国际化平台的中国企业，通过并购和投资方式，加快了进军国际市场的步伐。

（二）政府干预是我国企业并购市场的重要特征

随着经济体制改革的不断深入，我国企业并购也逐步发展成熟起来，但总体看，仍处于试验探索阶段，与成熟市场经济条件下的企业并购有不小差距。新中国的公司并购主要经历了三个历史发展阶段：新中国成立初期以行政性手段推行的企业关、停、并、转；企业体制改革初始阶段出现的行政色彩浓厚的企业并购；市场经济体制基本确立、资本市场体系初步建立后逐步规范化、市场化的公司并购。我国企业并购规范是在社会主义市场经济实践道路上经过不断地摸索、试错和经验总结中逐步建立和完善起来的，刻上了鲜明的中国烙印。进入20世纪90年代以后，我国社会主义市场经济体制逐步建立，形成了以公司制为主体的企业群体，产权交易市场和股票市场也逐渐规范成熟，公司并购主要以股权交易的方式发生，上市公司股权收购成为并购的重要组成部分，并购的具体方式也日趋丰富。另外，外资并购国有企业成为中国企业并购的新景象。一些外国资本和港、澳、台资本开始进入中国内地的产权市场，呈现并购规模逐渐扩大的

---

① 徐卫卿：《中国并购市场2012年预测》，清科研究中心，2012年1月30日。

趋势。

并购在成熟市场经济国家的运作方式高度市场化，政府主要通过政策引导、完善法律与监管体系起到弥补市场缺陷的作用。典型市场经济意义上的企业并购具有两大特征：其一，企业并购是一种企业行为，是以企业为主体进行的产权交易行为。其二，企业并购是一种市场行为，是企业之间财产权利的有偿买卖，必须通过市场定价，遵循等价有偿、公平合理的原则。我国企业并购是在经济转轨时期发展起来的，政府具有管理者和所有者双重身份，于是产生了政府越俎代庖，充当并购的主体问题。根据我国国有企业并购的特点，尤其是企业并购中存在着非企业主体行为（政府介入）以及"交易"中的无偿性的特征，有学者将国有企业并购称为"准并购"。"准并购"的含义正是着重这两点：并购中的政府全面介入和并购中的无偿性这两大特征。而两大特征又可归因为一点，即政府干预行为。此类政府干预会产生诸多负面效应，主要包括：政府职能越位造成并购垄断行为；政府意志替代市场行为违反经济规律；产生地方保护主义，使产权流动困难，提高了产权交易的交易成本。西方国家干预主义主张政府对经济的干预应着眼于弥补市场缺陷，而社会主义国家的政府角色定位则有着很大的不同。在具有中国特色的社会主义市场经济体制下，我国政府的经济职能除了弥补市场缺陷之外，还承担着对国有资产保值增值的职责。由于我国政府不仅要承担政治目标的要求，还要兼顾其他诸如社会、经济等多重目标的要求，使其很难不主动介入本应属于市场行为的企业并购。

因此，尽管随着企业改革的深化和运行机制的转变，我国企业并购市场化、法制化程度越来越高，"准并购"影子越来越模糊，与国际经济接轨的趋势越来越明显，但政府干预仍然是当前我国企业并购的重要特征，存在的根源在于政府的目标多元化。

（三）新一届政府将政府职能转变作为开局大事，简政放权是突破口

1988年提出转变政府职能以来，经过多年的改革探索，政府职能转变取得显著成效。政府职能转变，是指国家行政机关在一定时期内，根据国家和社会发展的需要，对其应担负的职责和所发挥的功能、作用的范围、内容、方式的转移与变化。习近平总书记说过："行政体制改革是经济体制改革和政治体制改革的重要内容。"而政府职能转变作为深化行政体制改革的核心内容，有着政治和经济上的双重意义。计划经济时代产生了全能型政府的职能模式。社会管理和经济

管理都由政府通过指令性机会和行政手段来实现。政府扮演了多重角色,既当运动员,又当教练、裁判,集生产者、监督者、控制者各种角色于一身,而政府作为社会公共服务提供者的主要任务却被忽略了。社会主义市场经济的完善就要求改变这种错误理念和模式,需要分清政府与市场的界限,强化政府的服务和宏观调控职能,将微观经济的干预职能弱化。将权力下放给市场,同时,在经济的公共服务领域完成自身职能的"补位"。改革开放后,我国多次推动政府机构改革,中共十四大以后大动作的机构改革就有七次,整体改革方向是简政放权。政府职能转变是一个逐步探索、不断矫正的过程。我们在机构改革和建设方面犯过不少错误,仍然存在不少问题。职能转变仍然不够到位,管了一些不该管的事情,一些该管的事情却没管好,特别是公共产品和服务提供不足、社会管理比较薄弱。

2013 年"两会"之后,李克强总理立即组织召开三次国务院常务会议,以行政审批制度改革为突破口,果断取消和下放了 133 项行政审批事项。这一系列重大举措向外界宣告了新一届政府的改革决心,表明推进政府职能转变、深化体制改革是新一届中央政府着手办理的开局大事。2013 年 5 月 13 日,李克强总理在关于动员部署国务院机构职能转变工作的全国电视电话会议上明确指出,要注意处理好政府与市场、政府与社会的关系,把"该放的权力放掉,把该管的事务管好","激发市场主体创造活力,增强经济发展内生动力,把政府工作重点转移到创造良好发展环境、提供优质公共服务、维护社会公平正义上来。"① 李克强总理还以"开弓没有回头箭"的宣示,表达了坚决推进国务院机构职能改革的决心。应该看到,经过三十多年的快速发展,改革已进入深水区和攻坚阶段,"政府职能转变"也是经济社会发展的客观要求。这一轮政府职能转变,其目的之一就是通过权力的放开与政府职能的简化,解决过往市场经济中政府职能的缺位、越位与错位,使政府职能回归本位,以适应社会主义市场经济体制的需要。

"简政放权"体现在"把该放的权力放掉"。目前我国政府一些部门和行政管理者习惯凌驾于市场之上,代市场配置资源。行政审批出现过多、过滥,导致经济发展严重失衡,行政效率极其低下。所以首先应当通过放权,把本应属于市场,却被政府所"把持"的权力重新还给市场。市场主体是社会财富的创造者,

---

① 《李克强:把该放的权力放掉,把该管的事务管好》,中国新闻网,2013 年 5 月 13 日。

为经济发展提供了源源不断的内生动力，放权能够更加发挥其主观能动性和释放期创造力，让社会主义特色的市场经济更具活力。

"简政放权"也体现在"把该管的事务管好"。政府不应该过多干预微观市场行为，要将精力放在公共物品供给、社会宏观调控上，完善制度基础，如法律基础和社会信用体系，为市场机制的有效运作提供基础性的制度保障。通过维护和谐稳定的宏观经济环境、保障社会公平、提高公共服务水平等创造社会经济可持续发展的良好条件。

职能改革是解决深层次问题的关键抓手。职能改革，一言而蔽之就是"简政放权"。"简政放权"就是为社会和民众松绑，科学地把该放的权力放掉、把该管的事务管好，做到事前审批中放权，事中监管中到位，事后监督中管用，有效防止政府越位、缺位、错位，理顺政府与市场、社会之间的关系，建立服务型、创新型、职能到位、运转高效的政府。

二、研究意义

（一）政府与市场的关系、政府的行为边界及职能定位已成为研究热点

社会主义市场经济体制已在我国得到初步建立，遵循市场规律的同时，政府宏观调控机制也逐渐走向成熟。经济发展过程中，政府这只"看得见的手"和市场这只"看不见的手"同时发挥了作用。但总体上，我国政府对微观经济领域的行政干预仍然较多，经济体制仍处于转轨过程中。

李克强总理在2013年3月17日的记者招待会、3月25日中国发展高层论坛2013年会境外代表座谈会以及3月27日在上海调研期间，一个月内三次提及"打造中国经济升级版"命题，并把转变政府职能、实施简政放权、着力反垄断作为打造中国经济升级版的重要路径，表明了本届政府施政的入口与重点。李克强总理强调："特别是要加快转变政府职能，向市场放权、为企业松绑，用政府权力的'减法'换取市场活力的'加法'。"[1]"就是市场能办的，多放给市场。社会可以做好的，就交给社会。政府管住、管好它应该管的事。"[2]可见厘清政府与市场的边界，明确政府的职能定位，正是新一届政府的重点关注领域之一。

---

① 《李克强总理在上海召开部分省市经济形势座谈会讲话》，2013年3月29日，新华网。
② 《李克强总理答记者问》，2013年3月17日，凤凰网。

国内学术界对此领域也给予关注和诠释。刘迎秋教授在其发表于《人民日报》的《中国经济升级版的内涵和打造路径》一文中指出："经济体制改革的核心问题是处理好政府和市场的关系。改革开放以来的经验表明，打造中国经济升级版，必须把充分发挥市场配置资源的基础性作用与充分发挥政府的宏观管理和调控作用的关系处理好。""一句话，当前我国经济正处于需要着力鼓励竞争、打破和避免垄断的发展阶段。只有充分的市场竞争才能产生效率和进一步提高效率，只有更加充分的市场竞争才能使中国经济升级版充满活力，只有市场主体充分参与的竞争才能推动中国经济真正从'大'走向'强'。在这个过程中，避免过多的行政干预同样是题中应有之义。一定要像李克强同志所指出的，打造中国经济升级版，要向市场放权、为企业松绑，用政府权力的'减法'换取市场活力的'加法'。"可见，政府与市场的正确关系、政府的行为边界、政府的市场职能定位已成为研究热点。

（二）为政府职能转变思想在我国并购领域运用提供理论和实证依据

与成熟市场经济国家不同，在我国处于转轨期的并购市场环境下，政府对企业并购的影响力很大，政府干预并购的现象较突出，动因也很复杂，干预的效果更是众说纷纭。因此，深刻分析企业并购中的政府行为机制，借助数量化工具和财务数据，从实证角度研究政府干预对企业并购绩效的影响，从政府职能转变的角度合理界定并购中政府的行为边界，具有理论和现实意义。而本研究成果将有助于厘清我国企业并购市场中政府与市场的边界，规范政府对并购的干预行为，明确政府在我国并购市场中的职能定位，为在企业并购领域更好贯彻我国最新的政府职能转变思想精髓，探索政府如何更好简政放权，用政府权力的"减法"换取我国并购市场活力的"加法"提供理论和实证依据。

第二节　研究思路、目标和方法

一、研究思路

公司并购行为是市场经济发展到一定阶段的必然产物。西方发达国家作为市场经济制度先行者和引领者，理所当然地成为公司并购行为的发源地。尽管由于政治、经济、社会制度等方面的差异以及所处发展阶段的不同，中西方企业并购行为呈现出不同特点，但在并购行为的根本动因上却是一致的，那就是通过并购实现公司利润最大化。本书主要研究政府在我国公司并购中的干预效应和职能定位，因此作为研究的出发点，本书首先整理和介绍了公司并购和政府干预概念和理论发展，回顾梳理了中外历次公司并购浪潮以及政府干预公司并购的政策行为演变，同时对各自特点进行比较分析。

自十一届三中全会召开吹响改革开放的号角，我国方始迈开由计划经济全面转向市场经济的步伐，弹指一挥间，短短三十余春秋。与经历百余年沧桑，已十分成熟发达的西方资本主义市场经济制度相比，我国经济仍处于转轨时期，市场化程度还有待提高。尤其是资本市场才建立二十余年时间，许多制度都需要继续完善、改良。在市场经济制度和资本市场建设都相当发达的西方国家，企业并购活动中仍时时能见到政府干预的身影。我国政府对公司并购行为的种种干预，更有其特殊的时代背景和制度成因，形成于我国由计划经济体制向市场经济体制转轨过程中。只有深刻了解这一点，才能对公司并购中政府的干预动因以及政府的正确职能定位进行深入分析和阐释。因此，本书从多个角度分别总结分析了西方发达国家和中国政府干预并购的行为动因，通过比较的方式揭示剖析不同制度、社会环境下政府行为的具体动机。又着重分析了我国公司并购中政府干预行为的特殊制度背景和原因，梳理总结了并购中我国政府干预的具体行为方式和行为特征，再结合政府干预并购行为的理论分析，以理论和实际相结合的方式为当前公司并购中出现的政府干预行为给出了较为合理的解释。

在了解掌握我国公司并购中政府干预行为的动因之后，有一个问题则随之应运而生：这样的政府干预行为究竟会产生怎样的经济后果呢？换言之，政府干预行为对并购之后公司的绩效，亦即资源配置效率施加了何种影响呢？正面的还是负面的？一方面，由于我国所处在经济转轨时期，市场、中介机构、制度的建设不够完善，政府的介入有利于协调各方利益，客观上对于我国公司并购市场的整体发展起到了促进作用。另一方面，由于政府部门利益分野和诉求导致的地方保护主义，政府行为的外部性导致的效率损失，以及政企不分引起的目标扭曲等都对公司并购造成了众多负面效应。因此，我国公司并购中政府干预效应这样一个命题应该经过实证的检验。本书借助一些计量经济学方法、模型和工具，通过样本研究，实证检验了我国公司并购中政府干预行为对公司绩效产生的经济后果，为本书理论观点提供了有力的实证支撑。同时又结合我国实际，分析研究了我国政府在并购活动中的职能定位和存在问题，职能错位的发生机理以及相关政策建议。本书研究思路可用图1-6来简要概括：

图1-6 研究思路

二、研究目标

本书主要研究公司并购活动中政府的干预效应以及政府的职能定位和行为原则。在梳理、比较和回顾国内外公司并购和政府干预的概念、理论发展和历史演变的基础上，多角度剖析政府干预并购的行为动机、具体方式和特征，实证检验政府干预对公司并购绩效的影响，最后分析阐释政府在并购活动中正确的职能定位并探索其行为原则。具体来看，本书旨在达到以下三个主要目标：

（1）梳理并购动因、政府干预、并购中政府干预行为和效应以及并购中政府职能定位的理论脉络，在此理论框架下分析国内外政府干预并购动因，并着重从经济分析的角度探讨中国特殊制度背景下政府干预并购行为的动机和根源，总结其行为方式和特征。

（2）检验政府干预对公司并购绩效的影响，并勾勒出其影响路径。

（3）总结西方政府对并购活动的管控经验，结合我国制度背景，分析我国政府在公司并购中的职能定位，提出行为原则，为规范并购中政府行为提供政策建议。

三、研究方法

由于本书研究并购中政府干预效应和职能定位问题既有较强的理论性，需要做出价值判断，回答"应该"或"不应该"问题，又要客观描述现实，回答"是"与"不是"，因此采用规范分析与实证分析相结合的研究方法。在构建政府干预并购的理论框架、分析政府干预的动因和经济后果、阐明政府的职能定位以及总结政府行为原则时，主要借助于规范分析的理论逻辑推演和归纳总结相结合的方法。在我国政府干预对公司并购绩效的研究中，以中国上市公司并购事件为样本，采用双重差分法（DID）的实证检验方法。并且在综合考虑了优劣性和适用范围后，在事件研究法和会计研究法两种实证研究的具体方式中选择了会计研究法。一方面是由于学术界普遍认为事件研究法的前提和基础是资本市场具备相当的有效性，而根据吴世农等（2003）对沪、深两市的实证研究表明，我国资本市场仍未达到弱式有效。另一方面根据陈晓等（2001）的实证研究指出、我国上市公司的财务报表盈利数据包含了丰富的公司经营绩效的信息量。陈晓、陈小悦（1999）研究成果也表明，即使存在造假和操纵财务数据的可能，但其失真影响也只是短期的，公司实际经营绩效最终都会在财务数据中得以体现。所以综合比较，采用会计研究法似乎准确性更高。

第三节 结构安排

本书结构安排如图1-7所示，全书结构安排分为八章，主要内容为：

第一章为导论。主要提出本书的研究问题，阐明选题背景和研究意义；介绍本书的研究思路、主要研究目标和具体采用的研究方法；列示本书的总体结构安排；最后说明本书的研究特色和学术上的主要贡献。

第二章为文献综述。包括并购动因、政府干预与公司并购绩效研究及公司并购中政府职能定位研究的文献综述三个部分。旨在总结和评述已有的研究成果，发现有待继续探索的研究空间，并能够为之后的实证研究夯实方法论基础。

第三章为公司并购的概念、理论基础和历史回顾。本章首先介绍公司并购涵义、特征、类型和方式，随后回顾中外几次并购浪潮。

第四章为政府干预的概念、理论发展和实践线索。本章首先界定了政府干预的基本概念，回溯了西方有关政府干预的理论沿革，又阐释了政府干预失灵和规制放松的含义和原因，最后选取几个主要西方国家政府对公司并购干预政策进行历史回顾和比较。

第五章为对公司并购中政府的干预动因分析，剖析阐释了西方发达国家政府干预并购的四大动因和我国政府干预并购的七大动因。

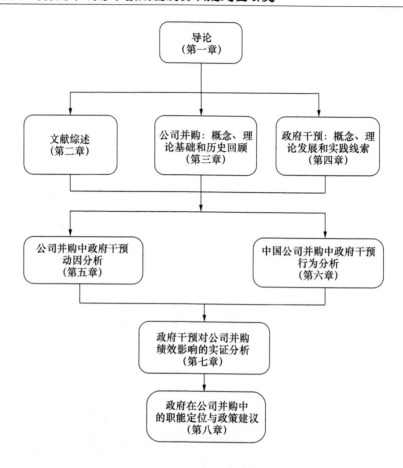

图 1-7　全书结构安排

第六章为中国公司并购中政府干预行为分析。本章首先详细介绍了产业组织理论的哈佛学派、芝加哥学派和可竞争市场理论三种政府干预并购行为的理论基础，然后重点分析转轨期市场条件下我国政府干预并购制度背景、阶段性行为方式、行为特征和行为绩效，得出政府对并购干预越多，越不利于资源优化配置，弊大于利，政府干预应适度结论。

第七章为政府干预对公司并购绩效影响的实证研究。本章选取 2007～2009 年发生于沪、深两市的 110 起并购事件作为研究样本，采用双重差分（DID）分析法，选择资产周转率、营业利润率等 12 个变量进行实证检验。检验结果表明，无论从长期还是短期来看，地方政府干预的企业并购绩效均差于非地方政府干预的企业并购绩效。

第八章为分析政府在公司并购中的职能定位与政策建议，并提出合理干预的政策建议。首先总结分析了我国政府在公司并购中发挥正面效应的职能定位和存在的职能越位和缺位的现象。然后再深入阐析了政府职能越位和缺位的发生机理。最后在明确我国政府合理有效干预公司并购的基本原则的前提下，从市场化主体培育、市场环境建设、社保体系完善、消除歧视、产权保护五个方面提出政府合理有效干预并购的政策建议。

第四节　研究特色与贡献

本书的研究特色和贡献主要有以下方面：

第一，本书选择并购中的政府干预行为作为研究切入点和研究对象，借鉴了产业组织理论中结构主义学派的"结构→行为→绩效"的论证思路，遵循了"动因决定行为，行为决定绩效"的分析框架，全面总结了帮扶解困、产业调整、并购管制、地方保护、领导偏好、降低交易成本、消除负外部性七大政府干预并购的动因，提炼出我国政府干预并购行为的四大特征：所有者与管理者职能混同、市场化和行政化行为并存、中央和地方政府行为目标差异、制度衍生"寻租"。并通过干预行为绩效的理论分析，得出由于"诺斯悖论"的存在，地方政府会出于自身利益动用行政权力参与或推动一些无效率的并购行为，或阻碍有效率的并购，并购企业最后只能选择并购一些经营亏损，但资产质量较好的企业，政府与企业的博弈才能取得均衡解，因此政府干预总体上并不利于资源优化配置的重要结论。

第二，本书通过对并购中我国政府职能错位现象和发生机理分析，结合市场经济条件下政府经济政策特点和政府基本职能要求，概括总结出我国政府合理有效干预并购的五大基本原则：坚持企业主体地位、坚持发挥市场化运作机制、坚持维护有效竞争市场格局、坚持培育稳定宏观环境、坚持改进政府公共管理和服务水平。

第三，本书将原本多用于公共政策实施效果定量评估的双重差分模型（DID

模型）用于政府干预并购绩效的实证检验，以 2007～2009 年发生于沪、深两市的并购事件作为研究样本，得出了无论从长期还是短期来看，地方政府干预的企业并购绩效均差于非地方政府干预的企业并购绩效的结论。

第四，本书借鉴比较经济学研究方法，对中外并购发展史、政府干预并购发展史进行详尽归纳整理、考证和比较分析，得出经济发达程度和政府干预程度并没有明显负相关关系，不同国家政府干预是由于国情不同和经济形势变化而呈现各自的表现形式和政策导向的结论。反驳了以往研究中一种"西方发达国家政府对并购的干预较少，经济越发达，并购市场越自由，政府干预越少"的观点。

第二章　文献综述

第一节　国内外并购动因理论文献综述

企业为什么进行并购？这正是并购动因理论需要回答的问题。国外已有大量文献对此问题进行了研究，提出各种假说，并形成相对完善的动因理论体系。由于起步较晚，国内针对该领域的研究还不够系统，尽管文献不少，但未能形成较完备的体系，主要还是在消化借鉴国外理论的基础上，再结合我国实际国情进行解释。

一、国外研究

（一）效率理论

Ansoff 是最早提出协同效应理论的学者，他在 1965 年指出，并购的参与企业由于资产、营销、管理能力等多方面的互补，在并购后产生"1＋1＞2"的协同效应，即合并后公司的整体绩效超过并购前各自原有绩效之和，创造出新价值。

阿罗（1975）认为，企业进行横向、纵向或混合并购之后获得的经营协同效应主要为规模经济和范围经济两种形式。横向并购由于生产、科研、营销或财务等职能部门和销售网络的合并，降低了平均成本；纵向并购由于避免了相关的联络费用和各种形式的交易费用而获得经营经济。

Myers 和 Majluf（1984）认为，一个企业如果内部资金生产能力很强，并且拥有很多投资机会，则往往资金充沛，具有超额现金流。而内部资金生产能力较低且投资机会多的企业则有很强的融资需求，因此这两类企业若进行合并将使利用资金的成本得到明显削减，很好地实现经营成本的控制，企业最终通过并购提高了经营绩效。

（二）价值低估理论

Holderness 和 Sheehan（1985）研究表明，当收购公司发现目标公司由于管理效率等原因无法发挥其经营潜力，从而股价低于其应该达到的高度，便有足够动力在此低价位收购目标公司股票，之后通过业务整合等方法提升目标公司经营业绩，使其股价上升到应有的高位，从而获利。

Weston 等（1998）指出，当由于种种原因导致目标公司的股票市场价值总额甚至低于资产的重置成本时，表明目标公司的价值在这一时期被低估了，此时的并购行为将激发市场重估目标公司的股价，使并购双方都获益。

（三）信息与信号理论

布雷德莱、迪塞和基姆（1983，1988）对有关数据进行了实证研究。结果表明，当目标公司不再收到收购要约，则在首次收购失败后的 5 年内，其股价又跌回原有水平。反之，之后又收到新的收购竞价要约的目标公司，其股票价格则进一步上涨。他们解释这表明认为新的信息是作为要约收购的结果而产生，且重新估价是永久性的假说是无效的。目标公司股价的永久性重估只是在少数情况下才会发生。根据他们的研究，经验证据与协同解释是相一致的。收购活动并不必然意味着目标公司股价被市场低估或目标公司可凭借自身的力量来改善经营管理。

Spence（1973，1974）最先通过对劳动市场分析建立了信号理论。他认为高质量劳动力为获得更好的教育和自我发展机会所付出的金钱和努力要少于低质量劳动力。因此，劳动力的教育水平不仅是受过更多训练的信号，也是天赋更高的信号。而低质量劳动力也无法通过对教育和训练的大量支出来欺骗市场，因为这种投资得不偿失。这说明信号的使用传达了有意义和正确的信息。

罗斯（1977）将信号概念与资本结构的选择联系在一起。他假定公司内部管理者拥有外人所无法获知的企业内幕信息，因此，最优资本结构可能在以下情况下存在：一是企业投资政策的性质将通过其资本结构的选择向市场发出信号；二是管理者的报偿与资本结构信号的正确与否相联系。罗斯构建的模型证明，投资者可将管理者决定发行的债权的面额（或信息）作为企业可能的经营业绩的信号。

（四）代理问题假说

Fama 和 Jenson（1983）假定当一家公司所有权和经营权相分离时，则决策管理（创立与贯彻）也将从决策控制（批准与监督）中分离出来，使代理人决策效力受限制，从而保护股东利益。股东选举的董事会拥有控制职能，对重大决策有审批权。公司可通过资金或股票期权等方式将管理者报酬与公司业绩相关联。由于公司股价可以体现管理层经营水平，低股价将对管理者施压，促其改善经营，为股东利益服务。股市为解决代理问题提供了很好的外部监督手段。

曼尼（1965）首先提出公司控制权市场理论，指出公司控制权是一项有价值的资产。一个充满活力的公司控制权市场促进了许多并购活动的发生，并为控制代理问题提供了有效的外部控制手段。该理论假定企业的经营管理绩效与股价紧密正相关，管理层由于代理问题导致的经营无效率将被直接反映为低迷的股价，从而公司被接管并购可能性越大。公司控制权市场制约了代理问题的产生，有力地保护了股东利益尤其是小股东利益。

（五）管理主义理论

穆勒（1969）用管理主义理论阐释混合并购问题。其假定管理者的报酬是公司规模的增函数，因此公司管理层有很强的意愿通过并购来实现公司规模的快速增大，由此可解释虽然有些并购的投资收益率偏低，并不符合公司和股东利益，但仍然频频发生。

但 Lewellen 和 Huntesman（1970）的研究表明，管理者报酬与公司利润率而不是销售水平高度正相关，因此穆勒理论的前提假设是值得怀疑的。

（六）自负假说

Roll（1986）在该假说中提出一个假设认为，企业管理者往往会在长期管理行为中产生妄自尊大、过分自信情绪，因此在面临并购决策时也会对己方的形势和眼前的机会做出超越现实的乐观判断，自认为市场并未很好反映目标公司的真正价值，从而付出了较高的并购溢价。然而这些管理者设想的并购协同效应或其他接管收益往往并不存在，却直接导致了收购的过度支付，损害了股东利益。

Mueller 和 Sirower（2003）选取 1978～1990 年各大公司所发生的 168 起并购事件为研究样本进行实证分析，结果表明，并购产生了协同效应的证据并不显著，反而证明并购为决策者的过于自负和自利所驱动的证据很有说服力。

（七）自由现金流量假说

Jenson（1986）将自由现金流量定义为超过了所有可以带来正收益的净现值，却以低于资本相关成本进行投资的现金流量。大量自由现金流的产生常引发管理层和股东在公司报酬政策等战略决策方面的严重利益冲突。若企业希望有效率和使股价最大化，自由现金流量就必须支付股东，这将降低管理者控制的资源量，从而削弱了他们的权力。因为管理者的报偿或晋升与公司规模扩大有相当紧密的关系，使得管理者有很强的激励进行规模扩张，这可能导致管理者用自由现金流量进行低于资金成本的投资或在企业内部浪费资本的行为。于是该假说认为，并购活动有助于减少股东与管理者之间的代理成本，在解决股东与管理者之间利益冲突方面发挥重要作用。

（八）税收理论

梅耶德和迈尔斯（1984）研究认为，两个盈利的公司如果发生合并，同样可以达到节税目的。由于在合并后的大公司利润在未来一段时间内可能由于其中一家子公司的损失抵消了另一家子公司利润而呈现总利润的下降，从而节税。所以合并后税收现值会下降。

Weston 等（1998）研究指出，并购中的税盾效应指财富从政府（一般公众）向收购公司的转移。在市场经济成熟发达的国家，由于拥有完善的税法体系，且执行标准严格，可通过收购税收减免公司、收购扩张从而拉高折旧、税收替代等方式获取税盾效应。

（九）再分配理论

麦克丹尼尔（1986）的研究指出，并购中股东收益以牺牲债券所有者利益为代价的证据在大部分研究中并不明显。债转股过程中的大量证据也显示杠杆率的提高并未对债权人不利。但在负债大幅提高的杠杆收购中，有证据表明对债券所有者产生了负面影响。

肖莱弗和萨默斯（1988）通过对艾卡翰（Icahn）公司对环球航空公司（TWA）的并购案例来研究并购价值从劳动者转移到股东手中的再分配问题。对该现象用"信任的破坏"、"管制结束"和"管理者无效率"三种理论进行解释。

二、国内研究

国内起步较晚，研究基础较薄弱，在并购动因领域的研究还主要是消化理解国外理论基础上，结合中国国情，对我国并购实践中产生的各种现象和问题补充解释，并提出对策。考虑到国内并购中不可忽略的政府干预因素，并购动因可大致概括为：政府策动、产业结构调整、亏损解困、获取技术、要素优化组合，获取土地、低价购买资产、获取优惠政策，冲破体制束缚、获取新的融资渠道，分散风险、规模扩张等。①

刘加隆（1992）认为，企业兼并既有由于企业主管部门希望对亏损企业帮扶解困，也有企业自身希望产生优势互补效应、资产抄底、求得长远生存发展等的目的。

厉以宁（1993）认为，当企业有盈利潜力而未能发挥出来的时候，就好诱发对它的兼并。

唐丰义（1994）认为，企业兼并的主要动机是旨在调整经济结构以发挥资产潜能，淘汰长期亏损、资不抵债和经营前景难以改善的企业以防止资产继续流失等。

周凌霄、王禾军（2002）指出，在20世纪90年代，全球并购浪潮的主要并购动因包括：打造公司核心竞争力、保持技术优势、巩固垄断地位、业务创新等。

刘阳（2003）认为，提高市场占有率、业务多元化等公司战略目标的实现是当前企业并购的主要动因。

张新（2003）认为，我国的特殊国情和经济体制背景决定了并购协同效应是上市公司并购价值的主要来源，譬如，并购带来的规模经济和范围经济能够产生经营的协同效应。转轨经济背景下，一些并购行为未必产生价值，甚至就不该发生，但通常会通过转移其他利益相关方的利益使并购公司获益。

王辉（2006）提出，获得制度融资期权是股权分置背景下上市公司的重要并购动机之一。

胡开春（2007）用行为金融的研究思路构建了股票市场驱动并购（SMDA）

---

① 欧阳静波：《公司并购动因理论综述》，《金融经济》，21010年1月5日。

的并购动机理论模型，对"谁收购谁"、"现金收购还是换股收购"、"并购浪潮怎么产生"等问题进行了探讨和分析。

李善民、郑南磊（2008）详细剖析了青岛啤酒和燕京啤酒的案例，指出并购溢价更低和易于内部管理整合是并购的重要绩效动因，且优势企业通过横向兼并进行产业整合是有效的策略，而在模式选择上"大吃小"优于"强强联合"。

巫和懋、张晓明（2009）从并购动因角度分析研究并购事件中长短期财富损失的原因。指出大股东控制假说、多元化并购假说、过度自信假说和报表重组假说对长期中收购方股东财富损失能够加以解释，而自由现金流量假说、多元化并购假说、过度自信假说和报表重组假说对短期的财富损失有一定的解释力。

第二节　国内外政府干预与公司并购绩效研究文献综述

Shleifer 和 Vishny（1994）指出，企业经常会通过与政府建立政治关联来应对政府的干预。政治关联常作为法律保护的一种替代机制，而创造这种关联也是政治家获取租金的一种方式。企业价值由此获得提高的前提条件是政治关联的边际收益大于其边际成本。若建立政治关联时耗费的政治成本过高将不利于股东利益最大化，但政治关联高管往往为了实现自己的政治利益而选择对此忽略；同时，为了满足公众利益，政府也可能利用对企业控股权或者直接动用行政权力向政治关联高管施压，干预企业经营行为，而这些干预常以牺牲企业利益为代价。

Shleifer 和 Vishny（1998）指出，为了达成自身希望予以实现的政治目标，政治家往往会以隐性转移企业资源的方式进行，并对此有很强的动机。政府的"掠夺之手"也许会侵害股东的利益。

沈冬梅和刘静（2011）选取沪、深两市 219 家上市公司 2002～2006 年发生的并购事件作为研究样本，使用多元线性回归方法对政府干预如何影响公司并购绩效进行实证研究。结果表明，中央政府控制企业并购绩效优于地方政府控制企业；金字塔层级对并购绩效短期内具有"保护效应"，长期内则有"掏空效应"，但这种效应受地区间政府干预强弱程度差异影响。

黄兴孪和沈维涛（2009）以1999~2004年A股上市公司收购非上市公司的465个事件为研究样本，运用多元回归分析法，实证分析政府干预、内部人控制与公司并购绩效之间关系。结论指出，中央控制的国有控股上市公司并购绩效优于地方控制的国有控股上市公司；政府适度干预的公司并购绩效优于政府过度干预的公司。

潘红波等（2008）以2001~2005年227个盈利的地方国企上市公司并购事件为样本，研究发现地方政府干预越强，样本公司超额收益率越低，对并购绩效有负面效应，这为"政府掠夺之手理论"提供实证支持，也解释了我国盈利国有上市公司的"并购绩效悖论"；而对34个亏损国有上市公司并购样本的研究表明，地方政府干预对并购绩效有正面影响，这为"政府支持之手理论"提供了实证证据。

朱滔（2006）指出，不同的治理环境对并购绩效产生较大影响。治理环境越好，政府干预越少，收购公司并购绩效越好。但他用已逐渐被淘汰且只适用于国企，主观评判色彩浓厚的《企业效绩评价操作细则》中的功效系数法作为业绩评定衡量指标，结论有待商榷。

梁卫彬（2005）选取沪、深两市1996~2003年的1189起并购事件作为研究样本，同时将并购目标公司股权采用"无偿拨划"形式的事件视为"政府干预型并购"，而有偿转让形式的为"市场化并购"，运用计量经济学方法进行实证分析。结果发现，政府干预型并购无论从短期超额收益、长期超额收益、财务业绩的单变量检验，还是多因素回归分析来看，效率都偏低。他将低效率的原因归结为并购后未能及时更换高管层，尤其是业绩较差的高管层。

第三节 国内外公司并购中政府
职能定位研究文献综述

尼尔·胡德（Neil Hood）和斯蒂芬·杨（Stephen Young）研究指出，在公共经济学框架中政府规制应该遵循公平和效率原则，同时指出，对于跨国并购的政府规制原则除了公平和效率，还必须加上维护国家主权的原则。

史普博（Spulber）（1989）指出，政府对于经济的干预并不是唯有直接规制这一种途径，有时候政府规制也可采用一种市场式配置机制运行的规制。这种形式使得市场主体间自由交易可能性大大增加了，因此能够有效抑制规制的外部性，大幅降低规制成本，提高政府干预效率。

Hoekman 和 Mavroidis（1993）提出，政府制定的竞争政策应该是政府维系的一系列规则和纪律体系，用以维护企业行使其正常市场权力，防止限制其滥用市场支配地位。政府制定相关政策的根本目标是使资源得到有效配置，并保证市场有效运作，从而实现国家利益最大化。对于限制性商业做法应予以取消和控制。

刘兴强（1998）分析了我国企业并购特点和问题，建议政府应该加强法制建设和制定配套政策，尽量利用经济手段而不是行政手段进行适度干预。

何旭强（1998）总结分析了国企并购典型特征，探讨了政府在国企并购中发挥的正、负面效应。提出结合我国并购特点、经济环境和体制框架，政府在并购中的职能和角色定位应遵循两点原则：一是由于我国仍处于经济转轨过程中，政府具有经济权限、信息和协调能力上的优势，对并购的适度干预是必要的；二是作为长期目标，政府应将重点放在并购的政策、法律法规体系建设和行为合法性监控上。

李郁明（2003）从经济学和现实国情角度分析了并购中政府行为的必要性，列举了政府干预并购的各种越位、缺位、错位行为，提出政府行为规范着力点应放在宏观调控和立法、双重职能分离、发展中介机构、财政金融和社保制度改革四个方面。

杨志勇（2004）指出，并购中政府职能定位应化直接控制为间接控制，培育中介机构，构建市场化并购的良好法律环境，完善社保体系以解企业后顾之忧。

陈四清（2006）认为，由于我国政府的经济管理者和国资所有者双重身份，在干预企业并购时职能混淆，导致大量低效并购。建议政府仅以资产所有者身份介入，分离双重职能，管理上致力于宏观调控和提高信息咨询，同时完善社保体系和加速发展产权交易和资本市场。

李文海（2007）回顾了中国政府介入企业并购的整体情况，分析了其干预行为方式和特点，总结出政府干预并购的目标应该主要在于：①完善法律制度环境；②尊重企业主体地位和自主决策；③加强监管；④直接行政干预转向法制手段间接控制。

第三章　公司并购：概念、理论基础和历史回顾

第一节　公司并购涵义及特征

一、并购涵义

企业并购在英语中的缩写为 M&A，实际是兼并（Merger）和收购（Acquisition）的统称。在并购交易中，将发起购买行为的企业方称为并购方，将接受购买行为的企业方即出售方称为被并购方。在英语表述中，凡是具有若干家公司（两家以上，含两家）之间发生了公司合并或资产重组的市场行为的含义的专有词语，如 Takeover（接管）、Consolidation（合并）等，都可以被视为"并购"，"即一家企业以一定的代价和成本（如现金、股权和负债等）来取得另外一家或几家独立企业的经营控制权和全部或部分资产所有权的行为。"[①] 国内学者张秋生（2005）将并购解释为以控制权为并购标的的商业活动。并购是企业实现资本集中、企业扩张的重要形式，也是在市场经济条件下产业组织结构调整、资源配置优化的重要途径。

从具体内涵分析，兼并和收购应分开表述：

---

① 胡峰：《企业并购概念界说：一个综述》，《嘉兴学院学报》，2002 年 9 月 15 日。

（一）兼并

兼并在《新大不列颠百科全书》（The New Encyclopedia Britannica）中被定义为："两家或更多的独立企业或公司合并组成一家企业，通常由一家占优势的公司吸收一家或更多家公司。一项兼并行为可以通过以下方式完成：用现金或证券购买其他公司的资产；购买其他公司的股份或股票；对其他公司的股东发行新股票，以换取所持有的股权，从而取得其他公司的资产和负债。"① 《大美百科全书》（Encyclopedia Americana）中对兼并概念的界定如下："兼并是指两个或两个以上企业组织组合为一个企业组织，一个厂商继续存在，其他厂商丧失其独立身份，唯有剩下的厂商保留其原有名称和章程，并取得其他厂商的资产。这种企业的融合方式和合并之间有不同之处，合并是指两个或两个以上企业组成一个全新的企业，合并使得所有参与的企业都失去本来的身份。"② 我国有关部门发布的《关于企业兼并的暂行办法》第一条定义："企业的兼并，是指企业购买其他企业的产权，从而使其他企业失去其法人资格或者改变法人实体的行为。"③ 而我国财政部 2001 年的 CPA 教材上将兼并定义为：通常是指一家企业以现金、证券或其他形式购买取得其他企业的产权，使其他企业丧失法人资格或改变法人实体，并取得对这些企业决策控制权的经济行为。④

由此可见，在企业的兼并行为中，发起兼并的企业方保留了其法人地位，而被兼并的企业方则失去了法人资格，企业的产权已在交易中被转让。

（二）收购

收购在《新大不列颠百科全书》（The New Encyclopedia Britannica）中被定义为："获取特定财产所有权的行为，通过该项行为，一方取得或获得某项财产，尤指通过任何方式获取的实质上的所有权。"⑤ 《新帕尔格雷夫货币金融大词典》中收购被解释为："一家公司购买另一家公司的资产或证券的大部分，目的通常是重组其经营，目标可能是目标公司的一个部门（部门收购，母公司出售或回收子公司股权与之脱离关系或让产易股），或者是目标公司全部或大部分有投票权

---

① ② ④　胡峰：《企业并购概念界说：一个综述》，《嘉兴学院学报》，2002 年 9 月 15 日。

③　《关于企业兼并的暂行办法》，国家体改委、国家计委、财政部、国有资产管理局，1989 年 2 月 19 日。

⑤　《新大不列颠百科全书》国际中文版，中国大百科全书出版社，2007 年版。

的普通股（合并或部分收购）。"① 我国财政部 2001 年的 CPA 教材将收购定义为："企业用现金、债券或股票购买另一家企业的部分或全部资产或股权，以获得该企业的控制权。"② 收购可按照收购标的不同进行分类，收购标的为资产则称为资产收购，标的为股权则称为股权收购。对于资产收购来说，收购方仅是购买了标的公司的资产，对于标的公司所欠下的债务没有偿还义务；然而对于股权收购来说，由于已经获取了标的公司的股权，自然也要履行股东的偿债义务。

因此可知，收购行为发生后，被收购方法人地位并未由此而丧失，收购方则经由购买股权而获得对方法人财产权的实质控制。例如，甲企业收购乙企业，之后甲企业和乙企业的法人地位都继续存在，表示为甲 + 乙 = 甲 + 乙。

从以上定义看，交易标的公司的法人地位是否丧失正是兼并与收购之间的主要差别之所在。

兼并和收购的概念在实际的并购活动中往往难以做出明确界定，西方学术界和实务界通常习惯于将二者联合在一起使用，简称并购（M&A）。但在我国学术界中"并购"概念与西方学术界在内涵上有一定差别。国内学术界目前对并购概念的界定并无定论，"并购"是一个包含了兼并、收购、托管、股权转让、资产置换、借壳、买壳等行为的模糊概念。朱宝宪等（2002）认为，"并购有广义和狭义之分。广义的并购包括兼并、收购、股权转让、资产置换、债务重组等，不考虑对象是否是上市公司，也不考虑控股权是否发生了转移；而狭义的并购仅指获得了上市公司控股权的收购。"

二、并购特征

一个真正市场化运作的并购行为所拥有的基本特征主要包括以下几点：

（一）应当由具备独立法人地位的现代意义上的公司作为参与并购交易市场主体

（二）并购既然作为一种市场交易行为，就应该建立在有偿交易基础上，防止出现行政划拨等非市场行为

---

① 《新帕尔格雷夫货币金融大词典》，经济科学出版社 1996 年版。
② 胡峰：《企业并购概念界说：一个综述》，《嘉兴学院学报》，2002 年 9 月 15 日。

（三）并购标的公司的控制权发生转移应该是并购交易的主要目的和结果

（四）并购交易支付方式可以是多样化的

第二节　公司并购类型和方式

一、公司并购类型

对并购分类依据有很多，常见分类方法有以下几种：

（一）按照交易企业的产业关联度分类

如果根据并购参与企业的产业关联度来分类的话，主要体现为横向并购、纵向并购和混合并购三种类型。

第一，横向并购：指参与并购交易的双方企业都处于相同的产业领域，企业的产品或服务具有同质性或可替代性，属于同领域竞争对手的横向整合。

第二，纵向并购：指参与并购交易的双方企业所处的产业领域分属整条产业链的上下游，属于产业链的纵向整合。

第三，混合并购：指参与并购交易的双方企业所处产业领域毫无关联，并无产品或技术上的交集，完全属于跨界整合。

（二）按照并购具体活动方式分类

按照并购具体活动方式分类，企业并购类型可由表 3 - 1 概括：

表 3 - 1　企业并购类型

1	扩张	兼并
		收购
2	收缩	分立
		资产剥离
3	公司控制	溢价回购
		停滞协议
		反收购条款修订

续表

		证券置换
4	结构重组	股票回购
		退市
		杠杆收购

1. 扩张

扩张主要形式就是兼并和收购。如前所述，兼并就是任何一项由两个或多个公司形成一个公司的交易。收购则是一家公司出价购买另一家公司的资产或股权，并由此掌握标的公司的全部或部分控制权的交易。

2. 收缩

收缩具体实现方式包括分立和剥离两种。分立是母公司组建一个独立法人公司实体，但母公司仍对其拥有所有权。这样，在控制权被分离的同时，母公司股东对新实体的所有权比例不变。然而新实体是个完全独立的决策单位，它所制定和采纳的政策和战略可能与原母公司并不一致。但由于母公司对分立出的子公司拥有所有权，子公司还需向母公司股东支付股息。在某些完全分立操作下，由于子母公司之间的股票也已完全置换，从而母公司将完全分立为若干个子公司，自身却完全消失。

剥离是把企业的一部分资产出售给外部公司以变现的交易行为。在一般的剥离交易中只发生了资产或股权的出售，并未成立新的独立法人实体。"股权切离"是剥离的一种特殊形式，即公司的一部分权益以发行股票的方式被出售给外部人士。换言之，即把外部人士通过购买这些新股票，拥有了现有公司的一部分所有权。与此同时，也创造出了一个新的法律实体，该新实体的股东，则不一定是来自原来公司。

3. 公司控制

（1）溢价回购：就是公司股东以超出市场价格一定比例的股票价格买回股权的行为。

（2）停滞协议：该自愿性质的协议一般是在溢价回购行为发生的同时由进行回购的公司大股东附带签署的。该协议要求回购股权的股东承诺不再进一步谋求公司的控制权。在不发生回购行为的情况下也可能签署停滞协议，这时该股东若继续增持股票的话将获得公司控制权。

（3）反收购条款：就是通过对公司章程的修改给并购交易设置障碍，提高并购交易门槛，增加并购成本。如"金降落伞"条款、"人员毒丸计划"等。

（4）代表权争夺：指即将或意图介入公司日常运营和管理的外部利益团体为了改变现有公司管理层对公司董事会的控制，设法获取公司董事会代表席位的行为。

4. 结构重组

（1）证券置换：这是在企业重组交易中经常发生的一种公司权益转换行为，主要指将公司的普通股转换为公司优先股或公司债权，或两者反方向置换的行为。当涉及债权和普通股的相互置换时，会直接影响公司财务杠杆率的升降。

（2）股票回购：指公司通过二级市场增持或定向协议回购等方式买回其公开发行的部分普通股的行为。这种股票回购行为是改变公司控制权结构的重要手段之一。

（3）退市：指上市公司的股东或外部投资集团通过二级市场或协议方式购回公司公开发行的所有股票，使该公司退出证券市场，成为非上市公司。退市后，公司就不再受监管部门对公开上市公司的各种规则约束，增大了公司在结构重组的空间和灵活性。

（4）杠杆收购：一般是指某外部投资集团进行某项收购时，只是动用小部分自由资金，其他大部分收购资金都是以资产抵押等方式向外界融资而来的，这种收购方式在所谓的"管理层收购"（MBO）中十分常见。

（三）按其他方式分类

按照支付方式不同，并购可分为现金购买式并购、换股式并购、增发式并购、杠杆并购（LBO）等。按并购企业对目标企业进行收购的态度划分，可分为善意并购、敌意并购。公司之间的收购活动若是在友好协商的气氛下进行的，可称之为善意收购；与此相反，若收购行为不受目标公司的欢迎甚至抵制，则形成敌意收购。敌意收购通常会导致目标公司的反击行为。按照交易方式的不同，并购可分为资产收购、股权收购、股权置换、资产置换等。

二、我国上市公司并购方式

我国上市公司并购的主要方式可由表3-2概括：

表3-2　我国上市公司并购方式

序号	名称	说明
1	整体并购	指收购标的公司所有股权的收购，收购价格的评估有多种方式，但通常以净资产为重要参考指标
2	投资控股并购	指收购标的公司的部分股权以实现获取该公司控制权的目的
3	资产置换并购	指上市公司将属于上市公司的一部分资产估值后并购外部的等值资产，通常是将不良资产置换出，将优质资产置换入上市公司，是上市公司并购资产的一种特殊形式
4	股权有偿转让	指收购方通过协议收购的方式，以协议价格购买标的公司的部分或全部股权
5	股权无偿划转	这是具有中国特色的一种收购方式，通常为政府动用行政权力将上市公司的股权无偿划转给收购方公司。正因如此，该上市公司一般为国有独资或国有控股的国有企业
6	二级市场并购	指收购方通过股票二级市场公开收购标的公司的部分或全部股权

第三节　全球并购浪潮历史回顾

在国外发达市场经济国家中，虽然各国的企业并购发展史各不相同，但大体上可以将这些国家分成两种类型：一种以美英为代表，其公司体制表现为市场导向型体制，在这种体制下，并购和敌意接管等活动比较普遍；另一种以日德为代表，其公司体制表现为银行导向型体制或网络导向型体制，在这种体制下，并购活动较少发生，敌意接管更是罕见。因此，下面选择美国、英国、德国和日本作为典型进行分析。

一、美国的五次企业并购浪潮

企业并购在美国工业发展的早期就已出现。但是，在美国的业主企业或家族企业时代，企业并购活动还很不普遍。从19世纪60年代工业化过程开始，企业制度演化为股份公司以后，美国工业发展史上出现了系统的企业并购活动。美国发生过几次主要的并购运动,在每次并购运动中,都或多或少地由某一特定类型的并购占主导地位。所有这些并购运动都发生在经济处于持续高速增长时期并且与商业环境的特定发展相吻合。

(一)美国第一次企业并购浪潮

美国企业的第一次并购高潮发生在 1899~1903 年,这时正处于 19 世纪向 20 世纪的跨越期,从产生的影响方面看,该并购浪潮在几次高潮中具有最重要意义。在西方资本主义世界中处于后起之秀的美国工业企业在 20 世纪初的这次并购大浪潮中迅速完成了自己的资本集中、结构调整和现代化进程,利用并购的特点,纵横捭阖,大鱼吃小鱼,增大体量,实现规模效应。尤其是许多原本就在各自领域内具备优势的大企业,更是快速规模化,继续保持在该领域的领先地位。

这次公司的并购潮对于整个美国企业界所带来的冲击和影响是史无前例的,呈现席卷之势。仅仅 1895~1904 年短短 9 年,就有 3010 家企业被并购,并购资产总额达 67 亿美元,其中仅 1899 年就有 1028 家企业被并购,并购资产额达到 22.4 亿美元。在这次并购浪潮中,美国 100 家最大公司的规模增长了 4 倍,并控制了全国工业资本的 40%。[①] 也正是此次并购浪潮,诞生了许多在各自领域中举足轻重的巨无霸企业,如美孚石油、美国烟草、杜邦公司等。此次并购运动的兴起,是有其深刻的经济和科技发展背景的。20 世纪初至第一次世界大战前,美国的基础设施建设如火如荼,并取得了重大成果。尤其是纵横全美的铁路网络的建成,更有划时代的意义。而电力技术和煤炭能源的广泛应用,也使企业的生产能力有了极大的提高。铁路带来的交通便利使得各地区市场不再割裂,全国性市场开始形成、融合,企业发展的目光自然也不再局限于当地,而开始放眼全国,向往扩张。总体来说,此次并购浪潮的特点可概括如下:

第一,通过并购,许多中小型企业消失,产生了在该领域中处于主导地位的少数垄断型大企业。

第二,横向并购为主要形式。南北战争后的半个世纪里,随着工业革命的进程,美国企业自由竞争特别激烈。因此,以消除过度竞争为目的的横向并购成为主流。并购后不仅企业生产规模能够得到迅速扩大,还能增加市场控制份额。当时,美国工业委员会研究了 22 起企业并购,每起并购后企业所控制的国内市场

---

① 王任华:《上市公司资产重组的商业模式及其绩效分析》,浙江工业大学,2001 年 6 月 30 日。

份额平均达71％。

第三，大部分的产业领域都呈现出规模化和资本大量归集的现象。20世纪初期，经济和技术的发展都推动各产业部门的规模化需求。1895～1907年，美国制造业各部门合并资产共62.5亿美元。①

第四，并购活动在地区上的集中程度较高。不同地区的各产业领域的资本垄断呈现家族化特征，几大家族垄断某区域的某产业的现象比比皆是。

（二）美国第二次企业并购浪潮

第二次并购浪潮发生在1922～1929年，1929年达到最高潮。第一次并购浪潮彻底改变了美国经济的整体格局，自由放任的市场竞争阶段已经过去，垄断资本尤其是金融寡头的形成已成定局。垄断资本由于能够获取极高的垄断利润而具有极强的自我造血功能，导致其控制力和规模都日趋强大。"一战"的发生又给垄断资本的进一步扩张带来新的历史机遇，特别是战时经济对军火和各种军用物资的饥渴需求，让大型垄断企业发了大财，资本更加雄厚，集中度更高。在这种背景下，1922～1929年，美国的第二次企业并购浪潮扑面而来。7年中有近12000家企业被兼并收购。1928年、1929年两年达到高潮，每年企业并购数分别达到1058家和1245家，涉及公用事业、银行、制造业和采矿业，在26个行业里的1591家连锁店兼并了10519家零售店。② 第二次并购浪潮的激励因素是运输、通信事业和零售推销的重大发展。使用汽车的新型运输体系使卖者得以扩大销售区域，使消费品具有更大的流动性，从而打破了狭小的地区市场。随着汽车运输体系的出现，产生了诸如食品加工、化学等行业的并购。而以前重型制造业的并购则是伴随着铁路运输体系的出现而产生的。此次并购浪潮的特点与上次有所不同，可概括如下：

第一，已占据行业垄断地位的大型企业依靠雄厚的资本实力吞并众多中小企业，消除竞争，维持巩固其垄断地位。1925年最大的100家公司资产额占制造业资产总额的35.6％，1929年上升到39.1％，增加了3.5个百分点，其中3.2个百分点是由于兼并增加的。

第二，纵向并购为主要形式。由于《克莱顿法》等反垄断法规的施行，联邦政府对横向并购的限制有所加强。此时许多大型企业更倾向与谋求对整个产业

①②　王任华：《上市公司资产重组的商业模式及其绩效分析》，浙江工业大学，2001年6月30日。

链的整合，纵向并购成为主流并购形式。

第三，并购奠定了重工业部门在整个美国国民经济结构中的主导地位。1937年，美国最大的50家制造业公司中，重工业各部门的分配情况是：钢铁10家，石油7家，运输设备5家，化学4家，非金属4家，机器制造44家，轻工业公司则为数较少。①

（三）美国第三次企业并购浪潮

20世纪50～60年代美国发生了第三次企业并购浪潮。这次浪潮发生在第二次世界大战后，全世界特别是欧美国家都处于战后百废待兴，埋头重建的时期，经济进入高速增长期。战争期间的军备竞赛极大地推动了军事科技的飞速发展，战后许多军用技术向民用技术转化，带来了许多生产技术的革新，从而推动了经济产业结构调整升级，在垄断资本的推波助澜下，新的并购高潮应运而生。1965～1971年，合并公司数增加到10575家，平均每年为1511家。合并高峰是1968年共并购公司高达2407家，是前两次合并高峰（1899年为1208家；1929年为1245家）的一倍。② 此次并购浪潮的主要特点为：

第一，大量出现了"大鱼吃大鱼"的现象，大型企业之间的"强强联合"屡见不鲜。60年代的10年中，资产在1亿美元以上的大公司被并购的有117家，资产达310亿美元，其中有8家超过5亿美元。③

第二，混合并购为主要形式。许多大型企业开始执行多元化战略，跨行业的混合型并购逐渐大行其道。在并购高潮的1968年，横向并购与纵向并购两项只占17.3%；而混合并购高达82.6%。④

第三，银行之间的互相兼并愈演愈烈。此次并购运动中银行通过相互间并购大大提高了资本集中度，规模巨大的银行对国民经济的影响力越加显著。

（四）美国第四次企业并购浪潮

第四次并购浪潮发生在1975～1992年，1986年并购数量达到高峰。这次并购浪潮相对稳定，交易发生次数的波动不明显，从20世纪70年代的2000多起到80年代的3000多起，变化相对平稳。兼并金额的高峰发生在1988年，总额

---

① 王任华：《上市公司资产重组的商业模式及其绩效分析》，浙江工业大学，2001年6月30日。

②③ 韩可卫、杨波：《美国企业并购的发展历程、特点及启示》，《决策借鉴》，1997年12月20日。

④ 韩可卫、杨波：《美国企业并购的五次浪潮》，《企业改革与管理》，1997年8月15日。

达到 3500 亿美元左右，而且许多起都是 8 亿美元级别以上的重量级并购行为。1981 年，杜邦公司以 87 亿美元收购了格蒂石油公司，美孚石油公司创纪录地以 185 亿美元的巨额费用兼并了海湾石油公司，1985 年底，通用电气公司以 60 多亿美元收购了美国无线电公司，1986 年 4 月下旬，纽约麦迪逊大街三家广告商合并，创立了世界上最大的广告公司，资产达 50 亿美元。美林投资银行每年对资产在 100 万美元的公司并购活动进行统计表明，1992 年有 2574 起收购交易，其平均价格为 1 亿美元。70 年代中期以来，每年都有 2000~4000 起企业并购事件。此次并购运动的特点可概括为：

第一，各种并购类型百花齐放，优势互补。以往三次并购浪潮中总是有一种并购形式为主流，而此次并购高潮中，企业对横向、纵向、混合型三种并购形式的采用更加灵活实际，哪种形式有利于企业经营发展和资源优化配置就采用哪种。企业的多元化发展目的性更强，不再盲目跨界扩张。

第二，以弱并强并购事件频频发生。例如 1986 年，里阿斯科公司的收益还不到 5000 万美元却吞并了比它大 7 倍的信托保险公司。这种以小博大的现象之前并不常见，所占比例很小。但到了 20 世纪 60 年代并购高峰期已达 20%。

第三，并购所涉及行业跨度广，横跨烟草、传媒、汽车、银行、石油、化学等十几种产业。收购的形式多种多样，如资产分割、事业转换、扩充规模等。

第四，跨国并购增多。以往美国跨国企业在海外业务的建立多采用新设立子公司的方式，在此次浪潮中则更多采取了并购业务所在国公司的方式扩张。1975 年，美国制造业公司总数为 1546 家（销售额 2000 万美元以上的企业），在海外设有子公司 986 家，占 63%。① 1992 年，美国跨国公司发展到 2972 家，海外子公司数达 15341 家。

（五）美国第五次企业并购浪潮

第五次并购浪潮发生在 1993~2000 年，1997 年达到高潮。1993 年起，美国的又一次并购高潮呼啸而来。"据美国《时代周刊》统计，1994 年 1~7 月美国公司宣布的并购交易额达 1716 亿美元，比 1993 年高出 50%，到 9 月兼并交易金额累计已达 2200 亿美元。"② 1995 年 7 月 31 日，美国迪士尼公司宣布兼并大都

---

① 王任华：《上市公司资产重组的商业模式及其绩效分析》，浙江工业大学，2001 年 6 月 30 日。
② 邹福勇：《规模经济下的企业并购行为研究》，汕头大学，2004 年 3 月 1 日。

会一美国广播公司。1995 年 8 月 1 日，美国西屋电气公司兼并哥伦比亚广播公司。1995 年 9 月，美国化学银行兼并大通曼哈顿银行，并于 1996 年组成全美最大银行——新的大通曼哈顿银行。同一天，克利夫兰花旗银行宣布将以 21 亿美元兼并匹兹堡的因特格拉金融公司。波音和麦道在美国名列前茅的大型飞机制造企业在 1996 年 12 月 15 日以波音并购麦道公司的方式合并为一家巨型企业。1998 年 8 月 19 日，两家著名汽车制造商美国克莱斯勒公司和德国奔驰公司的合并又为这个多姿多彩的时代添上浓墨重彩的一笔……这一时期，美国企业还在英、法、加等欧美国家的多行业进行了巨额收购，令世界瞩目。而外国企业对美国国内企业发起的并购也时有发生。此次高潮的来临自然也有其深刻的时代背景，国际和国内的多方面因素孕育了这次运动。首先是全球经济一体化的趋势已不可阻挡，企业面临激烈的国际竞争，急需实现规模化效应以削减成本，提高整体实力；克林顿政府提出的经济新思路和改革新政策也引导企业进行适应性调整；联邦政府放松企业并购规制，更加注重效率的倾向助长了并购的发展；美元贬值的因素使国外企业并购美国企业的兴趣大增。此次并购运动的主要特征可归结为：

第一，大部分并购项目分布在少数几个领域，如金融、电信等。

第二，此次并购高潮的影响是世界性的，并购资本在国际大规模地流动，资源实现全球性的优化配置，诞生了一批超大型跨国企业，促进了全球化经济的发展。

第三，寻求结盟、相互扶持、优势互补的理念已深入人心，并通过并购这种形式得以体现。冷酷无情的市场竞争使企业日益感觉到单打独斗、彼此敌视、你死我活的竞争往往导致两败俱伤，于是开始寻求联盟合作，通过并购实现我中有你、你中有我的战略联盟，已成为企业应对市场竞争的一种有效策略。

第四，许多并购的背后都隐现美国政府推动的身影。全球化竞争已使美国政府意识到支持国内大型企业通过并购实现强强联合是提高美国企业国际竞争力的有效途径。

二、英国企业并购历史回顾

英国是资本主义企业制度的发源地，其企业制度和产业变迁发展轨迹有显著代表性。虽然英国的企业实力在第二次世界大战后逐渐相对下降，但是早期的企业并购动向仍然能够反映企业发展的规律。英国历史上发生过 5 次并购浪潮。

第一次并购浪潮发生在 19 世纪末 20 世纪初。19 世纪 60 年代后，随着机器大工业发展和竞争加剧，资本积累和生产集中在英国逐渐显著起来，股份公司不断增加。1874 年开始的大萧条以及随后发生的经济危机更加剧了企业间的竞争，推动了企业兼并收购活动。19 世纪末 20 世纪初，并购数量大幅上升，许多大型公司在这段时间通过多次并购形成了。1880～1918 年，有 655 家中小公司通过并购组成了 74 家大型公司，在各个工业部门形成了垄断格局。与当时产业发展水平相适应，并购以纺织、酿造、烟草、制盐等轻工业企业为主。纺织工业并购是此次并购浪潮最显著的组成部分，因为资金、技术和管理等方面的条件限制，当时新兴重化工业企业规模较小，不是并购主流。这次并购浪潮是英国企业利用资本集中的方式实现生产的规模化效应，提高企业效益和竞争力的一次很好尝试，对推动英国并购的发展有十分积极的影响。

第二次并购浪潮发生在 20 世纪 20 年代。科学技术的快速发展促使许多新技术在工业生产中得到推广应用，大规模生产成为可能。通过并购扩大企业规模，获取规模经济效益，成为许多企业的发展方向。新兴产业如运输工具、化学、造纸和电力等迅速增长，国际市场的开拓和竞争的加剧，促使第二次并购浪潮的到来。

并购在绝大多数制造行业都有发生，尤其是化工、电器行业。例如，1926 年四大化学工业垄断组织（布鲁诺孟德公司、诺贝尔工业公司、不列颠染料公司和联合碱制品公司）合并成立了帝国化学公司（ICI），创建了一个包括所有化学部门的企业，该公司基本控制了英国化学生产的 95%，全部的合成氨生产和 40% 的染料生产。电器制造行业的三大企业，通用电气公司、英国电器公司、电器行业联合体也是这一时期通过大量并购形成的。在每一重要的制造业部门，都至少有一个在国际上占重要地位的领导性企业。

这次并购浪潮的兴起应归功于企业活动性质的改变，规模化生产给众多企业带来了垄断利润，又反过来巩固了垄断格局的形成。此次并购高潮对英国经济格局产生的改变具有十分深远的影响，其奠定的行业基本格局甚至成为当今英国产业基本结构的基础。

第三次并购浪潮发生在 20 世纪 60～70 年代早期。20 世纪 60 年代，第二次世界大战后经济的恢复和高速增长，以及关贸总协定、欧洲自由贸易联合体和欧洲经济共同体的建立，成为企业扩张特殊的宏观背景。受到关税削减规定与欧共体成员增加的影响,国际竞争日益激烈,英国厂商加强了并购活动,以谋求更大的规模、更低的成本和更多的市场份额。1966 年,英国成立了产业重组公司,以鼓励制造行业规模的合理化,采用的形式就是并购,从制度上为企业扩张提供了便利的渠道。

1964 年,英国最大的 200 家制造业公司中有 39 家到 1969 年被并购了,1969 年最大的 200 家制造业公司中到 1972 年又有 22 家被并购。1964 年和 1965 年并购数量达到高峰,1968 年并购金额达到高峰。

这次并购浪潮涉及各种类型的并购,横向并购为大多数。1967 ~ 1969 年,横向并购的金额占并购总金额的 79% ~ 91%,1970 ~ 1973 年这一比例也达到 65%。[①] 行业跨度也很大,主要集中在制造业。不过此次并购浪潮并没有很好地实现优化公司效益的目的,加之产业重组公司的解散、兼并与垄断委员会认为兼并有损于竞争,从而严格审批,使并购浪潮在 70 年代中期开始衰退。

第四次并购浪潮发生在 20 世纪 80 年代后半期。20 世纪 80 年代,技术进步引发形成了大量的新兴产业部门,企业经营结构和产业结构都进入大调整时期;英国投资环境稳定,政府管制放松,反垄断法作用下降;金融创新也促进了杠杆收购等新兴并购方式的发展;以上政治、经济和技术因素为并购高潮的到来奠定了良好基础。全球化竞争的压力也使英国政府和企业都有紧迫的危机感,感觉到只有齐心协力塑造并购发展的良好环境,推动并购发展,才是迅速提高企业竞争力的重要途径。

1985 ~ 1990 年,英国共发生并购 6309 起,并购金额达到 948.17 亿英镑。1984 ~ 1989 年,并购的平均规模也从 964 万英镑增加到了 2038 万英镑。1988 年欧洲共同体内发生的 26 起敌意收购有 23 起发生在英国。[②]

1995 ~ 2005 年,英国发生了第五次并购浪潮。尽管此次高潮中在并购交易的总体数量方面并没有十分突出的亮点,但期间年平均并购交易总金额却保持高水准并且波动不大。1995 ~ 2004 年,年均并购金额达到 357 亿英镑。其中,2000 年并购金额达 1069.16 亿英镑。[③] 由于这一时期在管理水平、金融工具创新方面都有了充分准备,竞争的全球化趋势也使企业寻求世界范围的合作,这次并购浪潮的主题表现为跨国并购以及大型企业之间的并购联合。

---

①②③ 尹豪:《中国企业并购的价值研究》,河海大学,2006 年 4 月 23 日。

三、德国企业并购历史回顾

德国是西方发达工业国家中的后起之秀，19 世纪后半叶，德国经济特别是工业经历了一个飞速发展期，总体水平很快赶超了英国和法国两个老牌工业强国，坐上了欧洲第一的宝座。第一次世界大战前，德国经济呈现出明显的规模化趋势，许多大型公司纷纷涌现，并且在公司组织形式和技术应用上起点很高，都是采用先进的股份公司模式并采用当时的最新技术，在化学、电力等新兴产业部门尤其如此。1907 年占企业总数不到 1% 的 3 万个大企业（50 名工人以上）占有 3/4 的气力和电力，其中，586 个最大企业（1000 个工人以上）拥有气力和电力总量的 1/3。[①] 激烈的竞争促使企业采用并购的方式来迅速壮大自己，增强实力，从而出现了大批的垄断卡特尔组织，"一战"发生时已接近 600 个，包括一些知名大公司，如克虏伯公司、西门子公司、莱茵—威斯特发里亚煤业公司、德国钢铁公司、加尔贝公司。德国的重工业几乎都在这些公司的掌控之中。以银行业为代表的金融业的并购活动也十分活跃，德意志银行通过并购手段控制和间接控制了数十家银行，运营着 20 亿～30 亿马克的资本。

第一次世界大战后，德国经济发生了剧烈波动，垄断组织大量并购中小企业。1922～1930 年，卡特尔数目从 1000 个增加到 2100 个，[②] 出现了国家出资控股的国家垄断资本。1929 年国有股份资本占全国股份资本的 13.2%，并有进一步发展的趋势。德国为实现经济为军事服务的目的，还通过实行"卡特尔条例"以行政手段强制推行企业间的并购，以提高经济集中度水平。20 世纪 30 年代末，各垄断组织控制了德国资本总额的 85%。"二战"发生后纳粹政府在增强资本集中度，加强产业垄断水平方面变本加厉，推行了大卡特尔组织并购小卡特尔组织的政策，国内拥有 5000 万马克总资产水平的大型公司就有 108 个。20 世纪 50～60 年代，德国的并购活动继续蓬勃发展，此间的并购形式主要是"大鱼吃小鱼"；1980 年之后的并购趋势则主要转向大企业之间的强强联合。

---

① 尹豪：《中国企业并购的价值研究》，河海大学，2006 年 4 月 23 日。
② 王玉霞：《现代企业兼并理论——研究与探索》，东北财经大学，2002 年 2 月 1 日。

四、日本企业并购历史回顾

日本受国内市场小和自然资源贫乏所限，第二次世界大战之前，欧美国家受资源型企业大扩张而带动起来的并购高潮并未发生。受自身国家、民族特性和东方文化的影响，日本企业的经营发展有其独有特点，在公司治理结构、股权结构、战略思路、文化特征与欧美企业都有很大不同。日本企业的发展更加依赖自我造血功能，强调内部挖潜和资本积累，对外扩张并购时除了争取地方政府和金融机构的支持外，也会更重视对自身能力的审视。兼并扩张的目的也更多是从公司结构转型、扭亏解困的经营角度出发，而不是刻意追求垄断地位。因此在第二次世界大战后的经济重建、快速发展时期，日本并购活动也一直不温不火，且规模不大，并未形成明显的高潮期。

日本的垄断资本形成过程有不同于欧美国家的特点，第一，日本的垄断组织是在第二次世界大战前财阀的基础上成立起来的，如三井、住友、三菱等。这些财阀的组织结构是"家族康采恩"一般是利用以家族总公司为中心的"家族总公司——直系公司——旁系公司"的特殊持股关系。第二次世界大战之前，由财阀形成的垄断组织控制了日本经济。第二，日本大财阀作为康采恩虽然有其经营重点，但往往涉及多个部门，形成一种由原料的生产、进口到加工、运输、销售的综合性垄断组织。这种多部门、多领域的综合性经营机构，决定了它们不必像欧美企业那样通过并购达到生产集中的目的。第三，第二次世界大战后，财阀被美国占领军解散，财阀内企业分立出来。但是1950年后，由于朝鲜战争和日本经济发展的需要，各种垄断集团又大量涌现，其组织形式主要是法人企业相互持股、相互派遣和兼任高级职员，以及金融信贷等，这种结合方式形成企业之间的稳定交易，提高了竞争能力。

日本人有很强的集体主义观念，这一点也反映在他们的企业经营观和企业文化上，即日本企业之间都十分强调合作，企业间相互参股现象也很普遍。同时无论企业股东还是员工对企业都有很强的归属感和认同感，讲究从一而终，企业凝聚力很强。企业协作密切导致并购带来的协同效益就不太高，不能形成很好的并购激励。而股东和员工忠诚度高则往往会提高并购交易成本。因此，虽然政府层面积极推动，但这些因素都导致日本很难产生孕育企业并购浪潮的土壤。

战后几十年，日本的企业并购活动发展总体呈现稳步上升趋势，尽管未出现大的高潮，但仍是一条正斜率曲线。从时间跨度上看，在经历了20世纪50年代的低迷期后，从20世纪60年代起，并购交易开始日趋活跃，70年代略有回调，进入1980～1990年后，随着全球经济一体化的发展和企业自身成长的需要，跨国并购渐成主流。从日本公司的并购活动特点上看，主要有以下几点：①规模不大。按1985年财政年度计，其中80%的公司资本额在60亿日元以下。②主要以扭亏解困为目的，功利性较强，而不是完全出于公司整体发展战略考量。③集团内部或关联企业之间的内部并购较多，如发生在母子公司之间的并购。④跨国界对外并购发展迅猛。20世纪80年代以来，在国内经济发展势头强劲、企业实力大增、经济全球化趋势、国际竞争加剧、获取资源、日元升值等诸多因素影响下，日本公司开始将更多目光投向海外，积极并购相关国外企业和资产。

由于国内消费需求和投资需求不平衡，日本企业不断寻求海外投资机会和广阔的国际市场，投资方式由20世纪70年代的以新设投资为主转变为80年代的以跨国并购为主。在日元不断升值的情况下，并购费用下降，并购比新设更经济，从而克服了贸易壁垒，避免了贸易摩擦，能够轻易地进入海外市场。还可以利用现成的设备、劳动力、技术及销售网络，缩短投资周期。以欧美企业为目标的并购，主要目的是为了开拓市场，获取先进技术。以澳大利亚和中东企业为目标的并购，主要目的是为了保证原材料和能源供应，以东亚的企业为目标的并购，其主要目的是利用当地廉价的劳动力，同时开发新兴市场。在海外并购方面，日本企业的特点主要有横向并购多、现金并购多、规模较小、成功率较高的特点。

第四节　我国企业并购历史回顾

一、1949年新中国成立前的企业并购

20世纪初至1949年新中国成立前这段时期，由于政治动荡、战乱频繁，这一时期并没有出现过大的并购浪潮，又因为经济受政治的影响过大，所以存在"特权并购"以及其他形式的"畸形并购"。这一时期，实际存在三个方向上的

并购活动：①民族资本企业之间的并购；②官僚资本企业对民族资本企业的并购；③外国（特别是日本）资本企业对民族资本企业的并购。

华资企业（民族工商业）的并购领域主要分布在工业和金融业。民族工业的并购主要发生在轻工业部门，有纺织业、面粉业、造纸业、火柴业、橡胶业等工业。由于民族工业企业规模较小，没有长期大量的积累，很少采用现金方式并购。主要并购形式有：第一，以并购企业资产为抵押，向银行借贷，兼并目标企业后，再以所兼并企业资产为抵押继续借款，形成新一轮并购活动。这种并购形式的融资风险很大，适合于对中小企业的并购。第二，先对目标企业租赁经营，到期后直接购买。这种方式的经营风险和财务风险都较小，所需资金较少，要求并购方熟悉目标企业的经营管理。第三，先入股后控股方式。有利于生产的稳定和资金的安全。第四，中小企业联合，实行善意合并。主要是迫于竞争压力，摆脱经营困境，或寻求适当的规模和一定的市场占有率。第五，以银行为后盾，实施全行业租赁或并购，实行垄断生产。工业企业并购以横向并购为主，有少量的混合并购。由于没有完整的工业体系，纵向并购很少出现。

华资金融业包括银行和钱庄。银行主要经营证券和当时的国民党政府发行的公债。钱庄主要经营商业借贷，包括进出口商业信贷。第一次世界大战和其后世界经济危机的爆发，使得国内的经营环境相对宽松，为金融业的并购提供了一个机会。并购的形式包括银行间的并购和工业企业与金融企业之间的并购。工业企业和金融企业的并购是中国民族资本发展过程中的一个主要标志。工业企业通过向金融企业渗透，能够更方便地获取所需的企业资金，增强融资能力。金融企业对工业企业的投资能够分散其经营风险，达到控制工业企业的目的，实现两类企业的并购。

官僚资本对民族资本企业的并购是20世纪30年代出现的新的并购现象。并购形式也是多样的。第一，通过加入官股的形式并购民族资本企业。第二，通过调整管理层进行控制。1935年，国民党南京政府采用上述手段，以增资改组的名义，兼并了当时的"四小行"——中国通商银行、中国实业银行、四明商业储蓄银行和新华信托银行，改组控制了"北四行"金城、大陆、中南、盐业银行和"南四行"中的上海商业储蓄银行、浙江兴业银行等多家银行和信托机构。第三，以垄断性的委员会和贸易公司为主体，使用对某些资源的管制政策和对外借款，并购其他企业。第四，官僚资本控制的银行，通过债务关系和投资改组并购民族资本企业。例如，1937 年南京政府三大银行之一的中国银行控制的工业企业分布的行业多达 10 个。第五，利用抗日战争的"非常时期"政策，对基础工业、加工业和商业等实行垄断经营。

外资对华资企业的并购与华资企业之间并购形式相似。收购企业一般有海外资金来源，对国际市场也有较多了解，在并购中具有明显优势。并购方以日本企业居多，因企业文化的差异和民族感情的因素，外资并购华资企业也会遇到较多抵制。

二、1949～1966 年企业国有化运动和行政性改组

这一时期企业并购是政府主导型的，政府根据国民经济发展需要，通过行政命令对企业所有制结构和组织结构进行强制性干预。可以分为以下三个阶段：

1949～1956 年的国有化运动阶段。新中国成立后至 1956 年，企业产权重组是在中国共产党制定的对私有工商业的利用、限制和改造的政策背景下，通过国家资本主义的形式而进行的。期间经历了国家资本主义的初级形式和高级形式两个阶段。在初级形式阶段，国家通过收购、加工、订货、统购和包销五种手段，掌握私有企业购销渠道，逐渐从外部取得对私有企业的控制权。在高级形式阶段，实行公私合营以及全行业公私合营政策。这一时期的并购活动，是一场以公有经济接管和控制私有经济为目的的大规模并购运动。在这一运动中，企业产权从资本家手中转到了政府手中，资本家在一定时期内拿股息和红利。政府接管的天津证券交易所和 1950 年初由政府成立的北京证券交易所，也相继在 1952 年七八月关闭。

1955～1960 年的关、停、并、转阶段。国民经济调整时期，政府通过调整计划指标，大幅度降低许多行业的生产量，造成大多数工业企业开工不足，人员和设备闲置。对此，政府又决定在保留骨干企业的前提下，对其他企业进行"关、停、并、转"。关闭停办成本高、消耗大、质量差、不具备正常生产条件的中小企业；将已升格为全民所有制的大多数集体企业转归集体所有；合并或转移生产任务不足的企业。

1963～1966 年的试办托拉斯阶段。试办托拉斯，一定程度类似于较大规模的水平并购运动。无论是关、停、并、转，还是试办托拉斯，都是在最终所有权保持不变的格局下，对企业的人力资源、资产资源和管理架构进行行政性调整和

改组的行为。而在"文化大革命"中，除了集体经济向国有经济靠拢和私有经济几乎被取缔之外，并没有出现真正意义的产权交易。

三、20 世纪 70 年代末至今的企业并购

我国企业的产权交易活动和产权制度改革是经过 1978 年的扩大国营工业企业经营管理自主权和 1983 年利改税等改革后才逐渐拉开帷幕的。但是，国有企业产权交易与重组活动则是 1984 年前后才开始的。之后的发展，我们大致可以分为三个阶段：起步阶段（1984~1987 年）、第一次兼并浪潮（1987~1989 年）、第二次兼并浪潮（1992~2001 年）、第三次兼并浪潮（2002 年至今）。

（一）1984~1987 年的起步阶段

改革开放后，计划经济体制向市场经济体制转轨，企业体制改革的启动，都为中国企业兼并的发生创造了条件。而企业经营业绩的分化，使得生产要素合理流动，资源配置优化成为客观需要，促使一些企业开始并购试点。

河北省保定市和湖北省武汉市是改革开放后我国最早进行企业兼并尝试的两个城市，并由此摸索出理论界所定义的"保定模式"和"武汉模式"，改革开放后中国第一起企业兼并案例发生在 1984 年 7 月，当时河北保定纺织机械厂兼并了保定针织器材厂，同时保定锅炉厂兼并了保定风机厂，这次兼并并未以现金出资，而是以承担被兼并企业所有负债方式完成的，并且兼并双方企业都是国有企业。1984 年 9 月，保定钢窗厂用 110 万元收购保定煤灰砖厂则是我国第一起集体企业并购国企的案例。1984 年 12 月，武汉市牛奶公司以 12 万元现金收购汉口体育餐馆为国企收购集体企业的早期案例。1984~1987 年，不仅保定、武汉两市发生了数十起各种性质企业的兼并案例，在示范效应下，全国许多城市如深圳、南京、北京等地，都纷纷开始企业重组兼并的大胆实践。这些企业兼并的早期案例具有以下的几大特点：

第一，兼并的主要动机都是为了扭亏解困，减轻地方政府的财政包袱。这一点可以从这段时期兼并案例中被兼并方基本都是亏损企业的事实看出。

第二，大多数兼并案例的交易双方企业都处于同一地区或同一行业，这样避开了地区间或行业间利益分配的纠葛，大大提高了并购的成功率。

第三，兼并案例和发生地都偏少，还不具普遍性。

第四，兼并参与主体除双方企业外，政府介入干预的力度很大。这一时期，

我国正处于经济转轨的初期，绝大多数企业仍是国有企业，并且企业间经营状况差别开始显现。有些企业对市场经济适应较快，经营状况良好，却受到设备、资金、场地等的制约无法扩大规模。有些企业却经营不善，负债累累，给地方财政造成很大负担。因此不仅企业间具备了进行兼并活动的最初动机，地方政府为了消除企业亏损，摆脱财政包袱也有很大积极性撮合当地盈利企业对亏损企业的兼并。许多兼并案例实际上就是在地方政府的强力行政干预下完成的。这才有了"保定模式"和"武汉模式"之分。两者的重大区别之一就是，"保定模式"有很强的政府干预色彩，而"武汉模式"的政府干预较弱。

第五，承担债务和现金出资是这段时期企业兼并的主要支付方式。

（二）1987～1989年第一次兼并浪潮

1987～1989年，企业兼并活动在全国范围内涌现，新中国迎来了第一次企业兼并的浪潮。据有关部门统计，80年代全国累计有6226家企业兼并了6966家企业，共转移存量资产82.25亿元，减少亏损企业4095家，减少亏损金额5.22亿元。其中仅1989年一年共有2315家企业兼并了2559家企业，共转移存量资产20亿元，减少亏损企业1204家，减少亏损金额1.3亿元。[①] 其中大部分兼并都发生在这三年高峰期。发生这次企业兼并浪潮的根本原因是改革。改革解放生产力，改革启发新思维，改革激发创造力。正是市场经济体制和企业体制改革的深入，党中央和政府高度重视并及时推出了有利于企业兼并发展的有力措施，直接促发了这次兼并高潮。1987年10月，中共十三大报告中提及集体或个人能够有偿获取小型国企的产权，1988年3月召开的七届人大一次会议再次提出"实行企业产权有条件有偿转让"的举措。特别是1989年2月19日，新中国首部规范企业兼并行为的行政法规《关于企业兼并的暂行办法》颁布，更是有力助推了此次兼并浪潮如火如荼地开展。期间的兼并活动总体特征可归结如下：

第一，兼并主要动因已从扭亏解困转向地区产业结构优化调整。地方政府已经敏锐地发觉企业兼并其实是优化经济结构的有效手段，相反用兼并来消除亏损也有很大的负面效应，于是及时调整了指导思想，这无疑是一个巨大的进步。

第二，兼并活动已在全国普遍开花，在全国许多省、市甚至县、乡（镇）都有发生。

---

① 邵建云：《中国企业购并市场的发展及政策建议（上）》，《管理世界》，1997年7月24日。

第三，跨区域、跨行业的企业兼并开始出现，一些企业利用兼并手段发展成为跨行业、跨地区发展的多元化大型企业集团。

第四，一家优势企业同时或连续并购多家企业的现象开始频频出现，由此产生的大型企业集团逐渐增多。

第五，出现了控股和参股的市场化企业兼并方式，但债务承担、行政划转和现金收购仍为兼并主流方式。

第六，以1988年武汉产权交易中心建立为标志，规范的企业产权交易市场开始在全国推广建立，企业产权交易逐渐转向有序化、标准化发展。

（三）1992～2001年第二次并购浪潮

1992年，邓小平南方讲话给中国陷入颓势的市场经济体制改革打了一剂强心针，改革的春风重新吹绿了神州大地，改革的目标复归清晰，坚定不移地走市场经济改革的道路重新成为普遍共识。资本市场体系的建设和国企产权制度改革作为市场经济体制改革的重要方面，也获得了决策层的高度重视。伟大的时代造就伟大的实践，中国的企业并购活动迎来前所未有的历史机遇，从而爆发了1992～2001年长达十年的第二次并购浪潮。

1990年11月26日上海证券交易所成立和1990年12月1日深圳证券交易所成立，标志着中国的企业并购真正拥有了符合市场经济意义、成熟规范及制度化的产权交易环境。并购作为上市公司发展壮大的重要市场手段得到了全方位的蓬勃发展，不仅并购数量和金额在这段时期屡创新高，并购方式、支付手段等也得到极大丰富，交易成本则大大降低。

中国加入世贸组织后，全球经济一体化进程加快，中国企业所要面对的竞争对手不仅来自国内，还来自国外。中国的外向型经济政策也使得海外市场对于中国企业越发重要，而中国欣欣向荣的经济发展也对国外资本有着强烈的吸引力。于是在这次并购高潮中中外企业的互相并购成为亮点，中国企业的资源配置开始走向全球化。引入外资和海外并购既使中国企业开阔了眼界，学到了先进的技术和管理经验，也获取了资源和打开了广阔的海外市场。这段时期并购的主要特点有：

第一，重量级大型并购案例日益增多，并购总体规模增长迅猛，大型企业相互合并成超大型企业的现象频现。

第二，通过沪、深两市进行上市公司的股权并购交易日趋活跃，已逐渐成长为国内并购活动的主要形式之一。

第三，各地产权交易中心建设风生水起，在国内并购交易中扮演日益重要的角色。据有关部门统计，截至 1994 年 6 月，全国共有各种产权交易机构 174 家，其中省级 14 家，地市级 104 家，县级 56 家。①

第四，外国资本在国内并购市场日趋活跃，外资（包括港澳台资本）对并购国内企业的兴趣越来越浓厚。香港中策公司在短短两年时间内通过并购控制了国内一百多家国企的经典案例最好反映了这段时期外资在中国并购市场的如饥似渴。

第五，一些有实力的国内企业开始走出国门，试水海外并购。这段时间国内企业的对外并购，一部分是一些有战略眼光的国内企业通过收购国外优势互补产业，来获取资源、技术、管理经验或市场，实现自身的全球化布局；另一部分则是一些企业通过收购国外或香港的壳公司，来实现国外或香港上市的"买壳上市"行为。

（四）2002 年至今第三次兼并浪潮

2002 年中国正式加入世界贸易组织，中国政府先后制定一系列并购法规，如《指导外商投资方向规定》、《外商投资产业指导目录》、《利用外资改组国有企业暂行规定》、《上市公司收购管理办法》、《上市公司股东持股变动信息披露管理办法》、《关于向外商转让上市公司国有股和法人股有关问题的通知》和《外国投资者并购境内企业暂行规定》等。这些法规的制定和实施，使中国的企业并购向着规范化的方向发展。

此次兼并浪潮的主要特点：

第一，跨国并购发展迅猛，国际化进程加快。近年来与我国企业相关跨国并购迅速发展。根据联合国贸发会议《世界投资报告》统计，我国跨国并购额 2000 年为 22.5 亿美元，2004 年增加到 67.6 亿美元。2007 年和中国企业相关的并购共发生 1266 起，跨国并购的总数为 563 起，占总数的 44.5%。与我国企业相关的跨国并购主要集中在金融和制造业以及资源等行业。比较重要的海外并购案例有：2003 年中国 PC 巨头联想集团收购 IBM 全球 PC 业务、冠捷科技收购飞利浦显示器业务、上海汽车工业集团收购了韩国双龙汽车公司、TCL 并购了法国

---

① 邵建云：《中国企业购并市场的发展及政策建议（上）》，《管理世界》，1997 年 7 月 24 日。

汤姆逊彩电业务等。

第二，资源型并购持续升温。改革开放 30 余年来，随着中国经济高速发展，资源的消耗惊人。而我国大部分资源型企业的资源储备和规模都不足，显然不符合该类企业规模化效益的要求，对资源产品的影响也极其有限。通过并购扩大体量就成为现实选择。2005 年以来，中国已经发生数起重大的海外资源型并购案例，如 2005 年的中海油并购加拿大 MEC 公司；中石油竞购美国尤尼科公司；中油国际并购哈萨克斯坦石油公司。2006 年 1 月，中海油收购尼日利亚石油公司股权等。

第三，横向并购成为并购主流方式。全球第五次并购浪潮以来，横向并购成为主流，原因在于它能迅速扩大企业规模和市场份额。我国与国际大公司相比，企业规模普遍较小，难以实现规模经济，各行业市场集中度也不高，面对入世以来激烈的国际竞争，急需通过横向并购快速做大做强企业，以抵御跨国企业的强烈冲击，所以企业的并购必然以横向并购为主。

第四，国有企业特别是央企逐渐成为并购的主角。近年来，大型跨国并购都是以国企特别是央企为主。2004~2006 年，国资委主导了央企重组，央企数量由 196 家减至 159 家。2007 年，在国资委支持下，中国铝业、中国石油、中国神华等大型中央企业频繁展开并购。例如，中国铝业公司的系列组合拳：2007 年 10 月，中国铝业公司以 75 亿元人民币收购了云南铜业 49% 的股权；中国铝业并购兰州铝业、山东铝业；中国铝业并购加拿大秘鲁铜业公司，获 91% 股权。还有华润电力以 6.14 亿元收购江苏天能集团全部股权。中石油以 6 亿元控股天冠集团等。

第五，并购支付方式多样化。由于金融体制尚需完善和改革，我国资本市场并购融资功能不足，企业并购融资较困难，因此，善于学习的中国企业在并购支付方式上紧跟国际潮流，采用了现金、贷款、承担债务和股权互换等多样化方式，大大推进了我国的企业并购。比如联想集团收购 IBM 公司个人电脑业务，总额高达 17.5 亿美元。经融资设计，最终以 8 亿美元现金，4.5 亿美元的股票互换和承担 5 亿美元债务的方式完成并购。另外，主权财富基金和私募股权基金也成为并购融资的重要手段。

第六，政府行政干预逐渐规范。我国企业并购中，政府的行政干预是最大特点。早期国企的并购重组，政府常出于卸包袱和财政解困的动机，通过行政干预进行"拉郎配"，并购绩效低下。2003 年以来，随着法律环境的优化，制度建设的完善，国企改革的深化和政府职能的调整，政府对并购行政干预逐渐规范。特别 2007 年又颁布了《反垄断法》、《物权法》、《国有资产法》等规范企业并购的重要法律出台，政府干预在法律制约下大为减少。

四、外资并购的发展

改革开放以来，中国利用外商直接投资发展迅速，但 20 世纪 90 年代以前，通过外资并购的投资几乎为零。1992 年起，随着改革开放深化，外资对中国经济的增长前景越加看好，开始通过增资扩股、认购定向增发股份、国外融资收购等多种形式参与中国企业并购交易，希望分享中国经济增长的大蛋糕，也开启了外资并购的新时代。

1991 年开始至今外资并购已经历三个发展阶段：

第一阶段是 1991～1998 年。1992 年下半年到 1994 年，由于明确了市场经济的改革方向，政府试探性地放松了对企业产权市场的限制，外资并购从无到有，持续增加。1994 年由于经济过热和企业产权市场的不规范行为，政府取消了产权交易市场。虽然 1995 年 9 月 23 日国务院发布暂停向外商转让上市公司国家股和法人股的通知，导致 1995 年外资并购降温，金额不足 5 亿美元，然而 1996 年外资并购数量却大幅上升，金额接近 20 亿美元，达到这一阶段的最高点。1998 年由于对外资并购国有企业是否会危害国家经济安全的争论，促使政府禁止外资收购法人股和中策公司低价收购国有股权的行为。外资并购大量减少，并购金额从 1997 年的 18 亿美元跌至 1998 年的 8 亿美元。

在这一阶段的前期，外资主要通过合资控股或购买产权的形式改变国有非公司型企业和国有非上市公司型企业的产权结构。有时外商也采用参股——扩股——控股的方式渐进收购。由于合资控股形式并购成本低，能够并购到国有大中型企业，并且易于进行区域间和行业内的产业整合，成为外资并购国有企业的主要形式。这一阶段后期，随着中国证券市场的发展，外资并购上市公司成为热点。并购的主要形式有场外协议受让国家股或法人股、场外协议受让公众股和场内收集流通股结合、大量认购目标企业发行的新股。

第一阶段期间我国市场经济体制刚刚确立，并购法律法规不健全以及尚未加入 WTO，在这样的背景下，外资并购的主要特点是：第一，并购受国家政策影响较大；第二，目标企业以制造业为主；第三，外资方多是著名的跨国公司，企业规模大、资本雄厚。

第二阶段是 1999～2001 年。外资并购在受到 1998 年政策冲击后的第 2 年有所恢复，并购额约占外商直接投资额的 5.34%，在随后的几年里并购投资额也保持相对稳定，增长率有所下降。外资并购也在不断适应中国经济不断发展的现状，在实践中不断探索创新之路，许多外资并购取得突破性进展的基础工作在这一时期完成，并出现了有别于第一阶段的鲜明特点：第一，并购范围迅速拓展，由汽车行业扩展至电子制造、玻璃、橡胶、食品等行业；第二，出现了间接控股模式；第三，控股股东位置的争夺成为焦点。外资并购更多的带有积极改善经营的目的，而外资方更多的出自一种战略性的考虑，通过并购在更短的时间内进入国内市场。

第三阶段是 2001 年至今。在这一时期，一方面，在我国面对经济全球化和加入 WTO 的背景下，国民经济持续稳定增长，产业结构不断优化，汽车，通信、旅游、住房等新兴消费需求热点的出现，促使外资并购在众多产业领域得到发展；另一方面，政策、法规的不断完善也积极、有效、稳健地推动了外资并购的展开。

第五节　小结

本章首先阐释公司并购涵义、特征、类型和方式等基本概念，随后比较分析了美、英、德、日以及中国的企业并购史，使读者能以历史的眼光和辩证的思维来更加客观地审视和理解公司并购发展历程，从中我们总结出以下几点公司并购发展历史的规律性特征：

第一，企业并购活动的发展并不是纯线性的，而是具有周期性爆发高潮的特征，并且高潮期往往与国家甚至世界大的经济周期相重叠，体现出两者之间的正相关关系。

第二，美、英、德、日尽管都是发达资本主义国家，但国家间遵循的经济思想和奉行的经济政策不尽相同，因而在并购发展的历史特征上也各有特点。美国和英国基本上遵循的是自由主义的市场经济思想，崇尚自由竞争和由市场来自主决定资源的配置，国家产业政策上对并购的刻意导向并不多。两国的企业并购活动表现得较活跃且周期性明显，并购周期与国家政治、经济形势关系密切。每次并购浪潮的发生都对国家的产业格局、企业形态、经济效率具有重要影响，总体呈现积极作用。德国和日本遵循偏重于国家资本主义的市场经济思想，市场经济的国家干预色彩较浓厚，国家产业政策导向对经济和企业经营的影响较大。两国的企业并购活动表现相对平稳且周期性不太明显。国家产业政策对企业并购活动的刻意导向和扶持力度颇大，在掌握国家经济命脉的重要领域有意促进形成垄断性卡特尔组织，以提高市场控制能力。企业并购后规模化效应明显，国际竞争力颇强。但从这四个国家的并购发展历程都可看出，企业并购行为对改善国家产业结构、迅速增强企业实力、提高企业竞争力有显著效果。

第三，并购对于促进企业间优胜劣汰、优化产业格局、有效提升企业绩效和内部治理、打造企业核心竞争力、打开市场新空间、迅速实现企业战略布局具有立竿见影的效果。

第四，随着并购市场体系和制度建设的健全，法律监管体系的完善，市场中介机构的发展，并购成本将日趋下降，并购从宏观和微观上对国家整体产业结构和企业价值重塑方面都会发挥更大作用。

第五，在西方发达资本主义国家，政府对企业并购活动的干预主要还是通过宏观调控，采用立法的方式，完善健全法律监管体系，同时根据经济形势的变化做出有效调整，维持市场的有效竞争局面。

第六，世界经济的日趋一体化极大地促进了跨国并购的发展，资源的配置已跨越国界，跨国并购已成为国际经济交流和往来的重要形式，而企业也随着并购界域的扩大和资金、人才、技术的交流提高了效益和竞争力。

第四章　政府干预：概念、理论发展和实践线索

第一节　政府干预基本概念

在国外文献中，对企业活动的政府干预主要从政府规制角度理解，通常把政府规制当成政府干预的同义词。这里所谓的"规制"一词，来源于英文日译。英语原文为"regulation"，其含义是指按一定的规则、方法或确立的模式进行调整，依一定的规则或限制进行指导，或受管理性原则或法律、法规的管辖。①《新帕尔格雷夫经济学大词典》将其译为管制。现在经济学界通常的定义为，政府规制是市场经济国家的政府在法律的授权下，为了克服市场失灵而采取的种种限制行为，使微观经济主体的行为得以规范或矫正。"二战"以后，为克服市场失灵带来的社会和经济弊端，欧美发达国家政府逐渐倾向于在不违反市场规律的前提下，运用法律法规监管等方法对一些规模较大的公用企业进行规制。规制问题引起政府和学术界广泛关注。

对政府规制的具体定义西方学术界一直有着不同的概念表述和研究视角。大多数经济学家则把规制看成是政府对微观经济的干预。美国经济学家卡恩指出，作为一种基本的制度安排，规制是"对该种产业的结构及其经济绩效的主要方面

---

① 黑启明：《政府规制的劳动关系理论与策略研究》，天津师范大学，2005 年 5 月 1 日。

的直接的政府规定……如进入控制、价格决定、服务条件及质量的规定以及在合理条件下服务所有客户时应尽义务的规定"。① 布雷耶尔和麦卡沃伊认为，在美国"规制指的是政府为控制企业的价格、销售和生产而采取的各种行动"，政府公开宣布"这些行动是要努力制止不充分重视'社会利益'的私人决策，它包括政府为改变或控制企业的经营活动而颁布的规章和法律"。② 史普博的《管制与市场》一改经济学将市场当作一个"黑箱"，"倾向于在市场背景之外来定义管制"，并"将注意力集中在管制的行政方面，而置受管制市场的均衡分析于不顾"的传统，将政府规制置于市场背景下，与规制市场的均衡分析相联系。他给政府规制所设定的定义是"由行政机构制定并执行的直接干预市场配置机制或间接改变企业和消费者的供需决策的一般规制或特殊行为"。③

有些经济学家则认为规制不仅是微观问题，也属于宏观范畴，倾向于将规制当作政府干预的同义词。如罗伯特·博耶完全从宏观上来解释规制的内涵。日本的金哲良雄对政府规制则定义为："在以市场机制为基础的经济体制条件下，以矫正、改善市场机制的内在问题（广义的"市场失灵"）为目的，政府干预和干涉经济主体（特别是企业）活动的行为。"④ 这里所说的"干预"不仅包括与微观经济有关的政策，还包括与宏观有关的政策，如："主要是以保证分配的公平和经济增长、稳定为目的的政策——财政税收金融政策。"⑤ 该定义由于涵盖了微观和宏观的范畴，适用范围更广，包容性更强而被学界所认同，并常用作政府干预的概念定义。

政府规制可根据政策目的和手段不同区分为直接规制与间接规制。直接规制一般由政府部门执行，以反垄断等为规制目标并可采用直接干预决策手段；间接规制一般由司法机构执行，以健全完善制度体系为目的并且一般不直接干预具体决策。其中直接规制分为经济性规制和社会性规制两种。经济性规制"是在存在着垄断和信息偏在（不对称）问题的部门，以防止无效率的资源配置的发生和确保需要者的公平利用为主要目的，通过被认可和许可各种手段，对企业的进

---

①② 黑启明：《政府规制的劳动关系理论与策略研究》，天津师范大学，2005 年 5 月 1 日。

③ 史普博：《管制与市场》，上海三联书店，上海人民出版社，1999 年 12 月第 1 版。

④ 夏大慰、史东辉：《市场经济条件下的政府规制：理论、经验与改革》，《上海社会科学院学术季刊》，2001 年 11 月 10 日。

⑤ 植草益：《微观规制经济学》，中国发展出版社 1992 年版。

入、退出、价格、服务的质量以及投资、财务、会计等方面的活动所进行的规制。"① 而社会性规制 "是以保障劳动者和消费者的安全、健康、卫生以及保护环境和防止灾害为目的，对物品和服务的质量以及伴随着提供它们而产生的各种活动制定一定标准，并禁止、限制特定行为的规制"，② 本书探讨的问题主要属于经济型规制领域。

改革开放以来，我国理论界对政府规制的运用和研究经历了一个从特殊到一般过程，即首先主要研究公用事业领域的规制及其改革问题，后来才逐渐地将研究的视角扩展到一切市场领域。我国学者对规制的概念也提出了自己的看法。余晖认为，"规制是指政府的许多行政机构，以治理市场失灵为己任，以法律为根据，以大量颁布法律、法规、规章、命令及裁决为手段，对微观经济主体（主要是企业）的不完全是公正的市场交易行为进行直接的控制或干预。"③ 成思危指出："管制是政府运用控制权通过行政机构和行政法规对市场进行干预，以求达到纠正市场失灵，提高经济效率的目的。"王俊豪认为，管制 "是政府通过一定的管制政策和措施，建立一种类似于竞争机制的刺激机制，以制导垄断性企业的经济决策。"④ 王惠臣认为，"管制是管制主体对在特定社会环境条件下的个人及在特定经济环境条件下的经济主体的活动进行干预、影响的强制的行为。"

综观以上国内外学者对政府规制的研究，传统政府规制可定义为为了纠正市场失灵，实现公共利益，政府根据法律授权，按照法定的程序，通过制定和颁布一系列相关的行政法规，对微观经济主体的活动进行规范和限制的行为。

针对中国实际，政府干预常常包涵了更加丰富的内容。尤其政府在企业并购中通常履行双重职能，即管理者职能（计划、协调、服务、监督等）和经济所有者职能（代表、经营、代理、控制等）（常修泽，1992）。因此政府干预的概念涵盖更为宽泛，主要包括三重含义：一是宏观调控。通常为政府通过出台一些财政金融措施来影响社会整体经济环境，进而对企业经营产生间接影响。二是微观管理。微观管理是政府站在出资者立场上依靠行政命令对企业实施的一种内部管理，尤其是对国有企业，政府可以直接进行产权管理和企业内部经营管理。这

①② 植草益：《微观规制经济学》，中国发展出版社 1992 年版。
③ 余晖：《政府与企业：从宏观管理到微观管制》，福建人民出版社 1997 年版。
④ 王俊豪：《政府管制经济学导论》，商务印书馆 2001 年版。

种权力在大部分情况下是可以委托代理的。三是政府规制。政府规制是政府作为中立者出现，针对市场失灵，依据法律法规对企业的有关活动实施的一种外部管理，是一种不能授权给他人代理的责权。规制是政府经济职能的内在组成部分。

第二节　政府干预理论发展

在明确了政府干预基本概念之后，有必要对政府干预理论的思想根源及其历史演变和发展进行一番梳理，为公司并购中的政府干预奠定理论基础。

一、政府干预理论溯源

在经济思想史上，传统的所谓国家干预主义和经济自由主义之间并没有绝对界限，这种划分仅具有相对意义，而且他们的政策主张都是根据当时各自所处政治经济环境特点和特定发展阶段提出的，具有很强的针对性，不能简单套用。

在强调国家政权作用的思想家当中，如托马斯·孟、西斯蒙第和李斯特等，没有一个人认为政府应当干预微观经济主体的生产经营决策；而强调经济贸易自由的思想家，如魁奈和亚当·斯密也没有一个否认政府在广泛领域中的不可或缺的重要作用。

15～18世纪，资本主义正处于发展初期，由于资本积累不足和市场机制不发达，依靠政府积累财富、建立市场经济体制成为新兴资产阶级的共同要求，从而倡导国家干预的重商主义占据了主导地位。重商主义实际上是一种原始国家干预主义的宏观管理思想，是商业资本和封建国家政权结合的产物，具有封建专制和国家垄断的特征。它认为政府应该全面介入生产、流通、消费和分配等社会经济生活的各方面，对私人经济则应该用国有化或国家垄断的方式予以限制、管制和削弱；为获取利益，政府干预手段可不限于立法和行政手段，甚至可动用政治、外交和军事手段；对外奉行经济民族主义，视国家间博弈为零和博弈，以他国为对手。

18～20世纪20年代，随着资本主义的发展，市场机制趋于成熟，带有封建主义色彩的专制主义国家的干预逐步成为市场发挥作用的障碍，因而以亚当·斯密以及后来的马歇尔为代表的经济自由主义应运而生，并在这一时期占据上风。苏格兰思想家大卫·休谟最先对政府干预主义发起挑战，认为经济中存在着自我平衡的内在机制，应减少政府干预，开启了早期经济自由主义先河。亚当·斯密《国富论》则一举奠定了古典经济自由主义的基础。他认为在市场这只"看不见的手"的指引下，理性的个人追求自我利益最大化的努力将使资源配置达到最优化，从而实现经济繁荣，国家和人民富裕。亚当·斯密奠基的古典经济自由主义理论体系经过后来的李嘉图、瓦尔拉斯、帕累托以及马歇尔等一批经济自由主义经济学家的不断修改、补充、粉饰，日趋"精密"，再加上其经济政策顺应时代需要，在19世纪占据了统治地位，开辟了经济自由主义和自由竞争资本主义的"黄金时代"。

即使在19世纪经济自由主义黄金时期，仍然出现了以德国经济学家李斯特的历史学派为代表的与其分庭抗礼的政府干预主义理论，其诞生在德国也不是偶然的。19世纪初期，作为新兴的发展中资本主义国家，德国需要发展一种保护主义或政府干预主义理论为指导，制定政策保护和发展德国民族经济，以对抗英法发达资本主义国家推行的经济自由主义理论，在此背景下，历史学派应运而生。米勒是历史学派先驱者之一，他主张德国应根据自身国情建立德国特色的"国家经济体系"，而不是盲从斯密学说。强调国家政权的作用，认为政府是协调社会目标和经济生活的最佳机构，并支持保护民族工业，反对自由贸易。历史学派的真正奠基者为李斯特，他提出的生产力和经济发展阶段论为政府干预主义的理论基石。他提出国家都会经历五大经济发展时期：原始时期、畜牧时期、农业时期、农工时期和农工商时期。各时期应分别采取适应国情的政策。农业时期应实行自由贸易，促进流通。农工时期由于世界经济中存在更先进的工业国家，应实行保护政策，保护本国幼稚工业。第五阶段农工商时期才是理想经济，英国已处于这一时期，而德国尚处于农工时期初期，需借助政府干预力量，实行保护政策，发展本国资本主义。所以李斯特的政府干预主义是为保护本国新兴民族工业为目的的暂时政策，并不完全排斥自由竞争。并且他提倡的保护政策是有区别、分程度的，并以保护关税为主要措施。美国学派开创者凯里的保护关税思想受到李斯特的深刻影响，桑巴特则是19世纪70年代产生的新历史学派的主要代表。历史学派推行以保护主义和关税壁垒为特征的干预主义政策，当时不具普遍性。

进入20世纪30年代，随着经济活动越来越复杂，经济学家意识到要解决自然垄断、负外部性等市场失灵问题，引入政府干预是非常必要的。1929～1933年的大危机更是宣告"自由放任"的破产，以凯恩斯主义为代表的一系列国家干预理论在新形势下得到加强和发展，对政府提出了新的要求，即政府应该保证经济成长有稳定的宏观环境。凯恩斯主义强调，在自由主义经济条件下，市场有效需求不足，难以实现充分就业。唯有以政府为主导，运用财政和货币政策进行需求管理，才能刺激需求，达到充分就业。20世纪30～70年代期间兴起的美国制度学派，瑞典斯德哥尔摩学派，法国调节主义，德国鲁亭巴赫国家干预思想等都宣扬国家干预主义。事实证明，这一时期的国家干预主义学说和政策有效缓解了资本主义经济危机，促进了经济发展。

20世纪70年代后，西方经济出现普遍"滞胀"现象，使凯恩斯主义面临危机，20世纪70～80年代，新自由主义卷土重来。该理论体系实际建立于20世纪30年代，包括以弗里德曼为代表的货币主义学派，卢卡斯等代表的理性预期学派、拉弗等代表的供给学派，欧根等代表的弗赖堡学派，以哈耶克为代表的伦敦学派等。该时期英国撒切尔政府和美国里根政府都推行了新经济自由主义政策，一定程度抑制了通胀。20世纪90年代以后，在众多继承了凯恩斯衣钵的经济学家不懈努力下，凯恩斯主义学说得到修补和完善。随着以萨缪尔森、菲利普斯、斯蒂格利茨、伯南克等为代表人物的新凯恩斯主义学说的建立以及其政策主张为美国克林顿政府奉行，标志着新政府干预主义理论的东山再起。

以科斯为代表的新制度经济学派对国家及政府的观点也值得重视。作为新制度经济学的主要代表人物之一，科斯以交易成本和产权制度为概念基石，以交易费用为基本分析工具，深入研究政府制度安排对资源配置及其效率的影响，并提出了著名的"科斯定理"。从科斯论述中可以得出政府规制的发生和演变是为了节约交易成本的结论。威廉姆森认为，有限理性和机会主义的客观存在使对市场的使用存在成本，因而为把有限理性的约束作用降到最小，同时保护交易免受机会主义风险影响，经济主体必然会寻求诸如政府安排的制度。诺思则从制度变迁角度阐述了国家作用，从而形成了新制度经济学的国家理论。按照新制度经济学的定义，国家是一种在某个特定地区内对合法使用强制性手段具有垄断权的制度安排，它的主要功能是提供法律和秩序。国家作为一种具有垄断权的制度安排，在许多方面不同于一些竞争性的制度安排（如市场、企业）等，国家是制度的最大供给者。这些特征决定了国家在制度变迁和经济发展中的独特地位。

纵观政府干预主义和经济自由主义理论在历史上的兴衰更替，说明随着时代变迁和环境变化，作为致用之学的经济学也同时在发生着深刻变化。发展到今天，两种理论观点已有所融合，并不绝对排斥。目前，越来越多的经济学家意识到政府与市场作用相结合的必要性，既要坚持市场的调节作用，又必须重视政府调节作用，"看不见的手"与"看得见的手"各自在不同的领域同时发挥作用，二者不可相互替代，而只能相互补充和协调。无论理论还是实践都证明，政府失灵和市场失灵都会有严重后果。对政府的经济功能必须做严格的定义和限制，政府作用应该立足于弥补市场缺陷，要充分发挥市场机制的资源配置作用，以提高经济效率。

二、政府经济性规制理论发展脉络

在西方，通常将政府规制当作政府干预的同义词。而政府规制理论经过多年发展，已形成一门新兴的经济学科，称为规制经济学。规制经济学是以政府规制为研究对象的应用经济学，是产业组织经济学的细化与发展，其产生和发展是与近现代市场经济的演变、发展结合在一起的。

（一）19 世纪中后期至 20 世纪 50 年代规范分析学派的萌芽和发展

19 世纪中后期，由于技术进步和工业革命影响的深化，微观经济运行的许多弊端凸显。尤其自由主义市场经济必然导致的垄断、外部性等问题日益严重，凭借市场自身显然无法解决。于是，政府应该干预经济，特别是微观经济活动的思想——政府规制的经济理论逐步形成。

可以说，铁路运输的发明与推广一定程度上推动了微观经济学的发展。铁路建设巨额资金投入的同时也产生了巨额沉没成本，运营过程的过度竞争将带来安全隐患，直接导致政府规制的产生。人们开始讨论生产者福利、消费者福利及政府规制的必要性、绩效等问题。先后出现的自然垄断理论、外部性理论及福利经济学的观点等为政府规制提供了充足的理论依据。发端于 19 世纪末的反垄断政策，更代表政府规制的强力登场。自由市场机制对于 1929 年开始的西方世界经济大危机的无能为力也催化了新理论和政策的诞生。美国从 1933 年开始实施以凯恩斯主义为基础的"罗斯福新政"。除了宏观的刺激需求的政策外，还加强了对电力、铁路等部门的政府干预。政府成立的铁路管理委员会、电力管理委员会对运费、电价的规制措施限制了垄断部门赚取高额垄断利润，促进了经济发展。这一时期，主张政府应该对微观经济活动进行规制的观点产生了一个学派，也就是规范分析学派。

该学派在 19 世纪下半叶开始发端，涌现出马歇尔、德姆塞茨、庇古、威廉姆斯等杰出学者。该学派认为因为市场存在缺陷，政府规制企业经营行为十分必要，规制行为要求在保证遵从市场资源配置规律条件，维护社会大众的利益。

（二）20 世纪 60 年代实证分析学派的兴起

主张政府应该规制经济活动在 20 世纪 60 年代已成为主流观点，但问题也出现了：一些国家的政府规制行为导致制度僵化、腐败严重、企业效率降低、技术创新缓慢等问题，规制成本大增。于是，学者们开始试图通过实证研究来分析规制是否真正有效。

1962 年，经济学家施蒂格勒对电力部门的规制进行一系列的实证研究发现，规制既未降低收费标准，也未显著提高利润，价格歧视也仍然存在。这一结论与规制可以改善社会福利与效率的传统观点相矛盾。可以看出政府试图通过管控来达到目的很难与现实中的效果完全一致。这也说明政府热衷于对企业活动进行规制的真实动机中，除了表面上冠冕堂皇地维护大众利益的理由外，还存在私下自利的动机。官员们通过规制这种产品来达成某些自我利益的实现。这些利益包括争取选票支持以保留职位，或以此向试图规避规制者寻租。

对政府规制进行实证研究，对规制目的有了新的认识：政府规制的动机并不那么单纯，维护社会大众的利益仅是表面理由，实际上仍然是利益集团为谋取自身利益而设定的一种"产品"。政府官员在通过这种"产品"与被规制企业的"供需"谈判中获取各自利益。

（三）公共选择学派在理论上的拓展

关于政府规制的规范分析有一个重要的假设和出发点，即政府并不是西方经济学理论中经常假定的"理性人"，也就是说政府是大公无私的，与企业和个人不同，政府没有私利，并不追求自我利益最大化，政府的目标是社会普遍获益。这种假设表面上挺有道理，实际是一种空想，毫无根据。要知道政府也是由人组成的，还有利益集团分野，单个人和人组成的利益集团都有明显的利益取向，政府又怎么可能完全"无私"呢？显然说不通。

以经济学家布坎南为代表的公共选择学派理论对以上假设进行了质疑和反驳，并由此引发了兴起于 20 世纪 60 年代"公共选择革命"。该学派认为，政府也是有自身利益考量的，并非所谓的大众利益代表。由各种"理性人"组成的党派和利益集团形成的政府也是一种"理性人"。这也很好地说明了政府实际运作中腐败的发生、规制的低效及政策偏向性的产生原因。也有学者对此观点进行批判，认为个人的行为动机是复杂的，不能简单地区分为是利己或利他。只从中选择一种动机，并且以此为基础得出的关于政府的结论也是不科学的。

（四）20世纪70年代后政府规制理论的发展

20世纪70年代以后，政府规制理论的发展取得丰硕成果，在实证研究基础上得出的新理论和新观点不断涌现，并且对各国的规制实践也产生着越来越重要的影响。

规制俘虏理论是20世纪70年代由著名美国经济学者斯蒂格勒提出的，该理论以对美国联邦政府规制历史的实证研究为基础，从崭新视角阐释了政府为何实施规制，以及立法者与以被规制企业为代表的产业者利益集团之间错综复杂的互动关系。斯蒂格勒指出，立法机构的规制立法是为满足产业对规制的需要（即立法者被产业者俘虏）。产业者集团为获取高额垄断利润将通过长期寻租来寻求掌控政府规制部门。因为仅突出产业集团对政府立法者的俘虏，未解释其他集团影响，该理论又被学界命名为"纯规制俘虏理论"。但这个理论受到一些学者的质疑，如"为何只是生产者俘虏了规制者而不是消费者呢？""为何一些产业集团并未从俘虏规制中获利呢？"等等。

后来，针对"为何只是生产者俘虏了规制者而不是消费者呢？"的提问，施蒂格勒与帕尔兹曼给出了理论阐释。他们认为，由于消费者利益集团的规模要远远大于生产者利益集团，导致消费者集团内部决策成本高，而且严重的"搭便车"行为将导致俘虏行动缺乏激励。而组织完善、规模较小的生产者集团更容易迅速组织起来形成各种决策来决定支持和反对规制者的政策。因此生产者更容易俘虏规制者，从规制中获得收益。

经济学家贝克尔则从与规制相关联的各利益集团之间相互关系的研究中提出了自己的理论创新。他首先假定各大集团对政府的影响力呈现总量不变，影响力越大受益就越大。他发现，只要某一市场领域出现了市场失灵的现象并导致政府的管控和干预，则该领域一定存在潜在获益的利益集团。市场失灵并不是进行政府规制的唯一理由和动机。对政府施压的各大利益集团之间影响力竞争的结果，决定了政府规制最终对哪方有利。这种竞争结果则是由各利益团体的游说效率以及政府规制带来的好处共同决定的。

熊彼特有关政府规制的理论观点与其他学派有较大区别，但影响力不小。他认为市场本身有较强自我调整功能，政府的规制从市场整体福利改进方面是呈现递减趋势的，并且长期看是垄断形成的真正来源，政府规制作为一种市场制度有先天不足。市场竞争虽然存在许多缺点但总体来说还是优于政府规制，因为其不会最终形成垄断。熊彼特的理论对政府规制实证研究做了进一步完善和发展。

经济学家对政府规制进行实证研究形成的若干理论主要解释了政府规制低效原因。其理论也是在为完善政府规制政策"开处方"，从而与政府规制的规范研究论者不谋而合。

（五）政府规制经济学新潮流

近年来政府规制还呈现出一些新的趋势和潮流，主要体现在：激励性和放松规制思想逐渐在世界范围被接受；政府的干预更加尊重市场规律和市场的作用等。从政策实践与规制理论研究互动中，规制经济学也在不断发展。

经济学家们进一步认识到，政府干预的效率不高往往是存在多方面的原因。但在市场存在缺陷的同时，政府干预效果也不佳时，只是退出干预或抛给市场也是不负责的行为。此时，激励性和放松规制成为政府干预实践新思路。

激励性规制的侧重点在于完善制度设计的有效性与合理性。通过合理干预来对管控对象产生效率激励。实践中包括了特许投标制度、限价规制等各种政策形式。在许多西方国家的政策实践中，激励性规制尽管有缺点，但改进更大，总体效果不错。放松规制顾名思义就是减少或完全取消政府原先设定的管控措施或规定，减少政府干预力度。目的也是为了发挥更多市场机制的作用，将政府的重心放在公共服务和限制垄断上。近年来，美、英、日等西方发达国家都出现了放松规制的政策倾向，但具体方式有所不同。例如，英国的放松规制是与自然垄断行业国有经济的民营化（私有化）过程同步展开的，部分或全部出售了英国电信公司、英国煤气公司、自来水公司等国有企业。

第三节 政府干预失灵与规制放松

在探讨界定政府干预基本概念并回顾其理论发展之后，有必要对政府干预失灵现象，以及规制放松的政策新趋势加以重点了解和分析。

一、政府干预失灵

政府对微观经济的干预（或称规制）是克服市场失灵的一种制度安排。现实中，政府干预很大程度发挥了校正市场配置资源缺陷的作用。但是，政府干预在矫正、克服市场失灵的同时，又产生了新的失灵——政府干预失灵或干预失败，并引发了政府干预放松的浪潮。

（一）政府干预失灵含义

理论界对于政府干预失灵的含义意见并不一致，但主要还是分析其对经济效率的影响。日本经济学家植草益将"干预的失灵"归结为企业内部无效率的产生、干预关联费用的增加，干预当局的自由裁决权和寻租成本的产生，以及由干预滞后产生的企业损失等现象。[1] 有些经济学家提出："政府干预实施后所造成的效率损失就表现为干预的失效。"可见政府干预失灵主要发生在经济调控的微观层面，表示政府经济规制中未改善甚至降低效率的经济现象。

政府干预失灵是在市场经济条件下政府为了克服市场失灵引起的另一种缺陷。市场经济体制是政府干预失灵产生的基本制度条件。所以，可以进一步把政府干预失灵定义为：政府在市场体制下，对市场机制作用的盲点进行弥补和纠正过程中产生的低效率或无效率状态。因此，把计划经济条件下政府的计划管制失灵与市场经济条件下的干预失灵严格区分开来是必要的。这种区分对于像我国这样一个处于从计划经济体制向市场经济体制转轨的国家而言，具有特别重要的意义（李郁芳，2002）。

（二）政府干预失灵原因

政府干预失灵原因可从经济和政治两方面分析。

从经济方面分析，政府干预失灵主要归结于政府掌握的信息不充分引致行为不当。信息不充分主要在于：①在公共部门里由于缺少价格信息，政府决策者很难凭此准确了解企业成本和需求结构，必然导致信息不对称。②审计等非市场手段了解信息能力有限，无法审计所有企业以洞悉真实情况，甚至审计部门还有与企业合谋的可能。③政企博弈导致企业可能欺瞒政府，至少不会知无不言。④干

预者缺乏有效激励去积极获取有关信息。

从政治方面分析，干预失灵原因如下：①政府代表的公共利益和政府机构、官员的自身利益之间的矛盾。两者矛盾时，机构和官员可能为自身利益做出有害于公共利益的决策。②政府干预可能造成再分配的不公平和"寻租"活动。任何政府干预，总是由一些人将权力强制施加给其他人，这就可能导致权力滥用并引起再分配的不公平，且政府干预可能人为造成某些资源"稀缺"，从而引发"寻租"等腐败行为。寻租活动的产生，使干预的实际效果与社会公共目标进一步产生偏差。③政府行为难以监督且目标多元。政府干预是用行政垄断权力纠正经济垄断行为，但其行为难以监督，无法保证一定能代表公共利益，提高效率。同时政府的行为目标是多元的。不仅要追求经济、社会目标，更要注重政治目标，并有能力在目标间切换。政府可能为了某方面目标而牺牲其他目标。④干预机构设置不合理和干预程序不透明、不完善也可能产生干预失灵。⑤政府干预行为具有内在扩张性，官员们"对一项不当干预的解决办法通常就是增加更多的干预"，往往引发政府过度干预，造成低效率。

在从计划体制向市场体制的转轨过程中，除了上述原因外，政府干预失灵还与政府体制改革落后于经济体制改革进程等直接相关。

二、规制放松

（一）规制放松含义

所谓规制（或称干预）放松，是指政府取消或放松对自然垄断或其他产业的进入、价格等方面直接的行政、法律监管，是对政府干预失灵的一种矫正。[①]具体地看，规制放松又可分为完全取消各种政策限制和部分取消或放宽政策限制两种涵义。

（二）规制放松原因

政府之所以实行一些领域的规制放松有政治和经济两方面的考量，主要包括：

第一，随着科技水平发展的日新月异，许多行业实行规制的理论支点已经不复存在了。例如，某些行业源于技术特点的自然垄断性质以往是经济规制的理论

---

① 何昌福：《政府与企业：从微观规制到宏观调控》，武汉大学，2005 年 5 月 1 日。

考量。但以电信、通信行业为例，20世纪七八十年代以来，由于技术的快速发展成熟，该领域技术和投资门槛已降低，由一家企业垄断性供给全部市场需求已不合理。从经济的角度，全球经济一体化导致完全垄断格局已难以实现，对政府来说也得不偿失。因此放宽准入门槛，以竞争促效率才是明智选择。

第二，政府干预失灵引发企业要求放松规制的浪潮。为矫正市场失灵而进行的政府干预实施却常出现干预失灵现象。如规制导致政府部门规模过大，行政成本过高，行政程序刻板僵化，消费者选择权不足，而受规制产业却由于政府保护而出现服务水平低下，成本价格上升，供给不足，效率下降的现象，引起了公众的不满。因此，西方政坛的各党派为吸引选票，迎合民意，也在政策制定上倾向于放松规制，并引发了20世纪70年代流行的放松规制高潮。

第三，政府规制理论的发展为放松规制政策架设了理论支点。20世纪60年代后，规制理论研究的新成果对政府经济性规制的合理性提出了质疑。如"X-非效率"理论、"规制俘虏"理论等。特别是经济学家鲍莫尔提出的可竞争市场理论认为，在自然垄断性行业，如果企业可以自由进入或退出，而且不发生成本，即市场是可竞争性的，就无须政府规制也可以限制企业利润。因此，政府部门应该做的是减少产业进入壁垒，使产业能够自由进出，而不是强调规制。

第四，经济全球化趋势推动规制放松进程。20世纪80年代后全球经济一体化大趋势越发明显。经济全球化强调国际贸易壁垒的消除，市场的开放，以及资金、技术、人才等资源的全球化流动和配置，政府规制显然与此背道而驰。为此，经长期博弈，发达国家间达成妥协，共同放松规制，维护公平竞争的大环境。

从发达国家情况看，规制放松主要表现为经济性规制的放松或调整，并非完全取消。而社会性规制，反而越发细化和强化。这表明尽管有所调整和弱化，政府规制仍是矫正市场失灵的一项重要制度安排。

第四节 西方国家公司并购与政府干预历史回顾与比较

本章前三节明确了政府干预的基本概念，梳理了政府干预理论的发展脉络，分析了政府干预失灵的现象、原因及对策，同时对政府干预之所以从严格趋于放松的缘由进行了探讨。本节则从历史实证和比较研究的角度，选取几个西方国家作为典型代表，分析其政府干预企业并购的方式、方法和制度建设，以探索市场经济发达的西方国家政府在管控企业并购方面的共同经验和取向。

一、美国政府对企业并购的干预政策

美国是一个崇尚自由竞争的成熟市场经济国家，长期奉行尊重市场、保护竞争的经济政策。美国对企业并购的规制主要是法律规制，并且主要通过反垄断法加以规制。反垄断法的目标就是维护市场的自由竞争格局，破除市场垄断，惩罚各种违反市场公平原则的限制竞争行为，维护和扩大经营者在市场活动中的自由权力，排除进入市场的障碍。正因为如此，反垄断法在美国被称为自由企业大宪章。

（一）20世纪80年代以前的反垄断实践

在企业并购史上，美国是国际企业并购的主战场，因而美国的企业并购规制具有代表性。1890年，美国出台《谢尔曼法》，这是全球第一部反垄断法。美国第一次并购高潮成为该法案诞生的催化剂。该法案禁止一切试图和阴谋制造垄断，或限制贸易的合同和行为，主要禁止三种行为：禁止成立托拉斯组织；禁止签订限制竞争的商业法律文件；禁止商业垄断行为。1914年，对《谢尔曼法》进行了修正，形成了所谓的《克莱顿法》，对公司的收购做了具体规定。该修正案禁止一切可能极大地降低市场竞争和有制造垄断倾向的兼并和收购活动。《克莱顿法》相对于《谢尔曼法》的最大改进之处就是它强调对垄断行为的预防，提倡在垄断尚处于萌芽阶段时就采取措施予以铲除。有了该法案的支持，大家在预判到某些行为可能会形成垄断，危害市场竞争时就能够名正言顺地及早予以制止。

除了立法，美国联邦贸易委员会和司法部还出台了《企业并购准则》。市场集中度和市场占有率是该准则评判并购交易是否涉嫌垄断的重要参考指标，除此之外，市场准入壁垒、并购带来的企业经营效益等也被列入政府监管机构评判考量体系。美国1968年企业并购准则的规定可以概括如下：

第一，对于横向兼并，如果四家最大公司市场集中度低于75%，兼并公司市场占有率低于30%，目标公司市场占有率低于1%；或者如果四家最大公司市场集中度大于75%，但兼并公司、目标公司市场占有率分别低于15%、1%，并购将被允许。①

第二，纵向并购中，若上游供应方企业在其销售市场上的市场占有率超过10%，而购买方企业在该市场上购买的产品或劳务总量超过6%，该并购会被否决。②

第三，混合型并购中若收购方兼并与自己有业务交集的标的公司，或者并购行为将导致垄断，则该并购将被禁止。

总体看来，20世纪80年代以前，美国对于商业垄断采取的是严厉打击的高压态势，这与该阶段美国联邦政府的经济政策思想有密切关系。当时美国政府认为众多中小企业是美国经济活力的源泉，各经济领域资本的过快集中将伤害美国经济。进入20世纪80年代后，全球经济贸易的交流日趋频繁，国际竞争加剧，美国国内企业的竞争力有所下降，出现产业外移现象。于是美国国内经济人士开始反思，也许太过严厉的反垄断措施已经严重削弱了美国企业的国际竞争力和活力。效率优先也逐渐成为反垄断政策的主流观点。

（二）20世纪80年代后反垄断政策的新发展

第一，1982年的《兼并准则》。进入20世纪80年代后，自由主义的芝加哥学派经济思想成为美国联邦政府的指导思想，反垄断思路也随之改变。美国司法部于1982年颁布新的企业并购准则。新并购准则的主旨是最大限度地支持并购。这反映联邦政府对于垄断的态度已经从严格防范转向适度宽松。新准则使用赫尔芬达尔指数（HHI）测度市场集中度。规定：①若合并后市场HHI<1000，则表示市场集中度不高，允许合并。②若1000<合并后市场的HHI<1800，则为中度集中市场。当合并后的HHI增加不到100，允许合并；当合并后的HHI增加100点以上，政府也许将禁止该合并。③若合并后市场的HHI>1800，则表示为高度集中市场。当合并后的HHI提高不足50，说明对市场集中度影响不大，允许合并；当合并后的HHI提高50点以上，则当局可能会禁止该合并。另外在新准则中涉及横向并购时，除考虑HHI因素外，还考虑以下与市场协调有关的因素：①参与合并的企业其产品和经营场所越是容易相互替代，它们之间的合并就越是可能受到政府干预。②市场透明度越高，企业就越可能相互协调其市场行为，政

①② 林燕：《银行并购的政府规制研究》，上海社会科学院，2008年5月1日。

府就越可能禁止该合并。③若相关市场的企业已就价格、划分客户等达成某种共谋，则合并将会更有利于这种行为，可能会被禁止。④若参与合并企业处于垄断或寡头垄断市场，则合并可能被禁止。总之，该准则认为进入壁垒越高，市场上的企业越可能协调它们的市场行为，则越不利于市场竞争。

第二，1984年《兼并准则》。新准则进行了三方面改革：①干预标准的多元化。在决定是否对企业并购进行干预时，不再仅仅考虑市场集中度和市场份额，而要结合其他一些非数据性的市场因素进行综合分析。②外国企业的国民待遇。并购交易中国内外企业审查标准一致。③注重分析并购的效率。1982年准则只在特殊情况下才提高经济效率作为合并通过的理由，而1984年准则在所有案例中都高度重视并购效率。可认识到的并购效率越大，则并购案就越容易通过。该准则把是否能有效提高美国公司竞争力也作为规制政策重要考量因素之一。

第三，1992年《横向合并准则》。在该准则中美国政府对待反垄断问题态度和思想的转变和发展表现得淋漓尽致。准则指导思想从以往对公司并购的疑惧心态，转变为正面评价适度的公司并购能够有效增强美国公司的实力，从而提高社会效益。但是适度并购的前提是坚决反对有垄断企图的并购交易。同时，在评价一个横向合并是否具有反竞争效果时的分析方法上，也对先前的准则规定进行了进一步完善。

第四，1997年《横向合并准则》的修订。1997年，美国对1992年《横向合并准则》进行修正，主要修正内容是：更明确地规定了企业兼并的效率，并进一步放松了反垄断政策。巨额兼并越来越得到政府规制机构的认可，并认为兼并已增强了美国企业在国际市场上的竞争能力，成为美国新经济的重要源泉之一。

综上所述，从《谢尔曼法》、《克莱顿法》到1968～1992年的四部兼并准则，很好地反映了美国政府对公司并购干预政策的沿革和发展。从中可以发现美国在企业并购上经历了从严格规制到放松规制，从结构规制到效率优先，从全面规制到重点横向并购规制的演变过程。尤其是四部兼并准则充分体现了美国的并购规制政策，不仅为反垄断机构提供了比较明确的干预标准，也使企业提高了对合并后果的可预见性。20世纪80年代以来，美国政府放松并购规制的倾向直接促使了新的并购浪潮的到来。但由于并购形成的寡头企业可能对竞争机制和创新机制的破坏，又使崇尚自由市场经济的美国不可能放弃并购规制尤其是反垄断规制。美国是世界上最早颁布反垄断法的国家，美国对公司并购的政府干预政策对其他国家包括中国的政策制定都有重大影响。

二、德国政府对企业并购的干预政策

"二战"后，德国政府在经济思想上受弗莱堡学派影响很大，选择了社会市场经济发展模式并迅速崛起。社会市场经济模式反对自由放任的完全自由主义市场经济，提倡政府对经济有意识地加以引导，是一种市场自由原则和社会调节原则相结合的经济体制。在经济指导理论方面，德国经济学家康森巴赫的优化竞争强度理论被政府采纳。该理论认为，当市场竞争者较多，且市场不够透明，产品有适度差异时，市场竞争强度达到最优化。建议政府既要支持众多小企业相互兼并以提高市场竞争强度，又要防止集中度高的市场领域形成垄断。据此，德国政府制定了《反对限制竞争法》。德国政府干预企业并购制度主要见于这部法律，包括合并概念、禁止合并的程序法、实体法等。

（一）企业兼并概念

德国《反对限制竞争法》第37条将一个或者几个企业直接或者间接地对另一个企业在竞争方面施加显著影响的所有方式都视为企业兼并。[①] 包括：取得财产、取得支配权、取得股份以及其他方式等。该定义显然比美国《克莱顿法》第7条"一个企业取得另一个企业的财产或股份"的定义更加宽泛。

（二）企业并购规制的程序法

在德国，企业合并的规制机构是联邦卡特尔局。制定了合并事后申报制度和事前登记制度两种审查制度。后于1998年将合并审查程序改为了单一的事先申报制度。《反对限制竞争法》中对合并申报的标准、合并申报的内容、合并审查程序以及违反合并申报的法律后果都做了详细规定。

（三）企业并购规制的实体法规范

主要体现在《反对限制竞争法》第36条：一个企业合并如果可以被预见将产生或者加强一个市场支配地位，政府就应该禁止这个合并，除非参与合并的企业能够证明，该合并还将改善竞争条件，并且改善竞争的好处大于限制竞争的坏处。[②] 在适用关于企业合并的法律规范时，德国通常从横向合并和非横向合并两个方面加以规定。

---

①② 王晓晔：《德国控制企业合并的立法与实践》，中国反垄断法网，2010年4月19日。

（四）企业并购规制的例外条款

《反对限制竞争法》第 42 条规定，联邦经济部部长有权批准被联邦卡特尔局禁止合并，前提是这些合并对整体经济或者社会公共利益有着显著的益处，并且其对竞争的限制没有达到严重损害市场竞争的程度。[①] 例外条款主要包括三方面：①关于整顿和重组的合并。②维护整个国民经济和社会公共利益的合并。如有利于保障就业、实现规模经济和减轻国家财政负担的合并。③提高国际竞争力的合并。

三、日本政府对企业并购的干预政策

"二战"后，日本确立了政府主导型市场经济体制，在政府干预和市场机制结合方面成绩显著。日本政府干预经济活动的特点是，在政府引导下，通过各种经济政策、法规等对国内经济进行介入和干预，维护市场规则和市场秩序，发挥政府在资源配置方面的积极作用，以提高企业国际竞争力，促进经济发展。企业并购是日本政府的重点规制对象之一。1947 年，日本制定颁布《禁止私人垄断及确保公正交易法》，简称《禁止垄断法》。同年 12 月，又通过了《经济力量过度集中排除法》。立法目的就是禁止私人垄断、不正当交易限制、不公正交易方法等限制竞争的行为。该法规定，有下列各种情形之一的，国内公司不得并购：第一，因其并购将实质限制一定交易领域的竞争时；第二，以不公正交易方法实施其并购时。还确立了事前审查制度和事后报告制度两种企业并购审查程序。在具体的实体规范方面主要有三点：一是在存在不当事业能力差距的情形下，对处于垄断地位的大企业可以命令其采取转让营业设施和排除其他差距的措施；二是在全面禁止控股公司的基础上，原则上禁止持有公司股份，并禁止金融公司持有相互处于竞争中的其他金融公司的股份和持有其他公司超过 5% 的股份；三是禁止公司持有其他公司的超过其资本额 25% 的公司债券。

进入 20 世纪 50 年代，《禁止垄断法》被认为过于严厉，妨碍经济发展，1949 年和 1953 年做了大幅度修订，放松了政府规制的力度，该法作用被弱化。20 世纪 60 年代后，日本经济对外依存度不断提高，为保护民族产业，壮大国内优势产业，提高国际竞争力，日本政府进一步放宽了企业并购的限制，鼓励大企

---

① 王晓晔：《德国控制企业合并的立法与实践》，中国反垄断法网，2010 年 4 月 19 日。

业间组成企业集团，以扩大经营规模，增强资本实力。20 世纪 70 年代后，日本经济实力变得强大。高速增长期所累积的矛盾开始凸显，尤其是垄断导致的消费者利益受损、竞争政策不力等问题，迫使日本政府开始修正之前的放松规制的政策倾向，于 1977 年 5 月通过了《禁止垄断法修正案》。政府干预力度又趋加强。20 世纪 90 年代以后，日本对《禁止垄断法》进行部分修改，包括取消对控股公司禁令，放宽对大公司股份持有总额的限制，从"原则禁止，部分解禁"的基本立场转为"原则自由、弊害规制"等，体现了放松规制的改革倾向。同时又对事前申报制作了更严格的规定，并强化了违反《禁止垄断法》的法律制裁力度，希望尽量减少政府行政干预，实现反垄断法制化。所有修改的目的都是既希望通过放松对公司并购活动的政府干预，以提高日本企业的国际竞争力，又要防止并购产生或加强市场垄断，抑制竞争。

四、西方国家政府干预企业并购政策主要特点

（一）以特定经济理论为指导

无论美国、德国还是日本对于公司并购的政府干预政策的制定，都以特定的经济理论为指导，政策导向也随着经济指导思想的变化而变化。美国的企业并购规制政策的主要指导思想是"二战"后逐步形成的现代产业组织理论。而产业组织理论的哈佛学派在 20 世纪 30～70 年代占据主流地位。哈佛学派认为，寡头垄断或垄断的市场结构会产生企业间共谋、协调及提高进入壁垒等垄断的市场行为，削弱市场竞争性。所以政府应该施行干预政策来防止垄断，维护市场有效竞争。该竞争理论在"二战"后至 70 年代这段时期内，成为美国政府制定并购规制政策的理论依据。进入 20 世纪 70 年代后，主张放松政府干预的芝加哥学派崛起并成为现实竞争政策理论的主流。芝加哥学派在原则上反对政府以各种形式对市场的干预，主张扩大企业和私人的自由经济活动范围。认为判断公司并购行为优劣的主要着眼点应为是否有效提高经营效率，如果过度竞争妨碍效率的改善，实施并购就是必要的。政府规制政策的指导原则也应该是效率优先。芝加哥学派观点直接推动了美国并购规制政策的重大转变，司法部自 1982 年以来对 1968 年合并准则进行了三次修订，这一系列变化被人们称为"芝加哥革命"。

德国并购政策同样以一定的经济理论为指导。德国经济学家康森巴赫的"优化竞争强度理论"对德国的《反对限制竞争法》产生了极为重大的影响，1973

年的第二次修订就是在该理论指导下进行的。

（二）并购规制政策宗旨是维护有效竞争，防止产生或加强垄断

从美、德、日三个主要发达市场经济国家关于并购规制的法律和政策分析可知，政府规制企业并购的宗旨都是以维护和实现市场有效竞争为目的，防止产生控制市场的垄断势力或滥用市场支配地位，并不是一味地对抗大企业。所谓有效竞争，即指竞争与规模经济相协调的竞争。在立法实践中，都将"损害有效竞争"规定为并购规制的控制判定要点。在政策实践中，一方面控制市场势力的产生或加强；另一方面鼓励和支持中小企业合并，以实现规模经济，降低成本，提高经济效率和企业竞争力。

（三）以放松政府干预和效率优先为并购政策导向

20世纪80年代以后，全球化进程加快使得美、德、日等西方发达经济体在国内和国际市场都遭遇越来越多的外国竞争者，国内企业受到了强烈冲击。为了在资金、技术、规模和成本优势上适应日益激烈的国际竞争需要，许多企业都希望通过并购实现强强联合，提高企业国际竞争力。因此，政府对于并购过于严格的规制政策受到批评，认为其没有充分考虑国际竞争，妨碍了本国企业发展。另外，反垄断的重点也逐渐从关注并购对市场结构的影响转为重视并购是否提高经济效率和竞争力。于是，放松规制、效率优先以及国家利益和经济利益的最大化成为政策制定的主流导向，政府甚至成为大型企业合并的推动力量，并直接促成了20世纪80~90年代以来新的企业并购浪潮的形成。

第五节 小结

以往有关并购中政府干预研究中有一种观点认为，西方发达国家政府对并购的干预较少，经济越发达，并购市场越自由，政府干预越少。

本章借鉴比较经济学的研究方法，对西方发达国家政府干预并购的发展史进行详尽的归纳整理、考证和比较分析，读者从中可以了解到，经济的发达程度和政府的干预程度并没有明显的负相关关系，许多经济发达国家政府对并购的干预强度也很大。如日本、韩国等发达国家对并购的政府干预强度并不比一些发展中

国家弱，甚至将其作为一种国家政策导向。而且随着经济发展，并购活动的日益繁荣、升级，政府对并购的管理要求更高、更细了。当然，全球化的发展使各国政府对并购的规制有更注重效率优先，放松规制的趋势，但同时对外资对本国企业并购的审查也更细致了。所以不同国家的政府干预只是由于国情不同和经济形势的变化而呈现各自的表现形式和政策导向。这种比较研究对于考察有内在联系的经济现象间的异同点，并探求其普遍和特殊规律有很好的效果。

第五章　公司并购中政府干预动因分析

本章将对公司并购中政府干预动因进行具体分析。首先探讨拥有成熟市场经济的发达国家政府干预并购的动因，然后分析正处于经济转型期的中国政府干预国内企业并购的动因，以挖掘经济现象背后的根源。

第一节　发达国家政府干预并购的动因

美、英、德、日等西方发达资本主义国家由于实行市场经济体制，推崇自由竞争的市场原则，往往使人们误以为这些国家的政府对于并购这种市场行为不会进行干预。通过本书第二章中全球并购浪潮以及第四章中西方国家政府干预并购的历史回顾可知，即使在将自由和竞争奉为圭臬的美国，其长达一百多年的公司并购史，其实是一部政府根据国内经济形势发展需求，为实现其政治和经济意图，多方运用和调整法律及政策手段，不断干预和影响企业并购实际行为的历史。而德、日等后起资本主义国家，由于国情和经济理念的不同，企业并购发展历程中政府干预更是如影随形，行政干预痕迹更甚，如德国在20世纪30年代颁布的"卡特尔条例"，推行强制卡特尔化。而经济发展模式、并购和产业组织理论的发展、国内外经济形势变化所导致对竞争和垄断的价值取向的变化又深刻影响着西方发达国家政府干预并购的动机和方式。总体看来，具体动因如下：

一、克服市场失灵是理论动因

根据亚当·斯密的理论，在完全自由竞争的市场经济条件下，市场这只"看不见的手"能使资源配置达到完美的帕累托最优。主流市场经济理论也都认为，市场在经济资源配置中起着基础性和决定性的作用。公司并购的方式和特点都决定了这是一种典型的市场经济行为，应由市场机制起主导作用，无须政府进行过多的干预。而经济学研究也告诉我们，现实经济中根本不存在完全自由竞争市场经济的前提条件，当市场存在着负的外部性、信息不对称和不充分、进入壁垒等因素时，将使各种限制竞争现象在现实经济生活中屡见不鲜，并由此导致市场机制不能实现资源的有效配置，也就是市场失灵。这时需要一种外部力量来匡正这种失灵，这种力量就是政府干预。市场失灵导致的外部性、不完全竞争等都可通过政府的公共提供来加以弥补。

生产要素的自由流动是市场经济中资源最优配置的基础，并购活动就能够促进生产要素的合理流动和优化组合，使企业高效实现优胜劣汰、强强联合、优势互补，从而迅速发展壮大。但出现市场失灵时，并购也将带来市场垄断、损害弱势并购参与方利益、破坏市场公平等不良后果。而此时，作为承担着经济宏观调控和维持公正市场秩序等社会、经济管理责任的政府，肯定会积极介入，采取法律、政策、行政等手段，约束和引导企业并购行为，平衡各方利益，从而改善和提高社会整体经济效率，维护公共利益，抵消市场失灵的消极影响。

二、反垄断和维持有效竞争

通过政府干预并购史的回顾可知，以美国为代表的西方政府对市场并购活动的正式立法干预是以1890年颁布的世界第一部反垄断法——《谢尔曼法》开始的。在此之前，企业并购活动处于野蛮生长时期，几乎不受任何政府政策和法律的约束，过度的公司并购严重损害了市场竞争的公平性，极易形成市场垄断。因此，骨子里崇尚自由经济的美国长期实行了严格的反垄断政策。

通过对美、德等政府规制企业并购的立法的具体分析可知，尽管反垄断是西方政府出手干预并购活动的初始动机，但政府规制的真正目的是维护有效竞争，防止产生市场势力或者滥用市场支配地位，而不是简单地反对大企业。在两国垄断法中，"损害有效竞争"都被规定为规制要件。在德国垄断法中，该规制要件被表述为"将出现控制市场的地位，或加强控制市场的地位"；在美国垄断法中，它被表述为"可以在本质上减少竞争或具有形成垄断的趋势"。因而它们的立法指导思想都是要维护有利于有效竞争的市场结构。所谓有效竞争，就是竞争与规模经济相协调的竞争。我们知道，保持市场竞争的活力能够有力增进市场效率，同时市场经济也存在规模经济效益，因此，西方政府并购政策的共同价值取向之一就是赋予企业追求规模经济的自由和保持经济中的竞争活力。但是这两个目标间是存在冲突的。所以，西方政府一直致力于创造既能充分利用规模经济，又不会丧失竞争活力的最佳市场环境，也就是维护"有效竞争"市场格局。迄今为止，产业组织理论对于判断有效竞争的标准以及如何实现有效竞争的具体途径并未给出圆满解答，反而让实际政策的选择有了更大的灵活度和定夺空间。受到特定时期特定市场状况的影响，西方各国政府的并购政策在竞争和规模二元性的倾斜力度也是因势而变、灵活调整的：时而倾向于鼓励竞争、抑制垄断，时而倾向于限制竞争、促进规模经济。例如，1890 年美国《谢尔曼法》颁布之前，经济处于资本主义大规模工业化早期，自由放任的市场经济需要规模经济来提高效率和效益，对并购基本实行不干预政策；其后直至里根总统上台的将近 100 年时间，由于大托拉斯企业对市场公平的损害侵犯了美国人崇尚自由竞争的价值观，以及主流经济思潮影响，基本实行较严厉的并购控制政策；而进入 20 世纪80 年代后，受经济全球化的影响，企业面临激烈的国际竞争，又不得不放松规制，推行效率优先的宽松并购政策。日本从明治初期到"二战"前，为追求"产业合理化"目标，实行并购鼓励政策，扶持大财阀的市场并购，限制中小企业的过度竞争；"二战"后至 20 世纪 70 年代，虽于 1947 年颁布了《禁止垄断法》，但面对企业规模小、国际竞争力弱的现状以及"岛国经济"走出去的需要，仍着力推行鼓励并购政策；20 世纪 70 年代中期后，随着日本产业组织的优化和企业国际竞争力的增强，政策天平才逐渐向控制并购、抑制垄断的一方倾斜。但不论政策如何变化，政府干预并购的核心宗旨和真正动机都是维护市场的有效竞争。

三、维护社会公平，保护中小股东和利益相关者合法利益

企业是众多契约和利益关系组成的集合体，这个集合体内存在着许许多多、方方面面的利益相关者，包括股东、公司债权人、企业员工、消费者、政府等，

而并购将会打破原有的利益格局，形成新的利益关系，从而使各相关方产生不同程度的利益损益。我们知道，所有的公司并购行为最终都期望获取"1＋1＞2"的总体效应，但即使一宗事后看来成功的并购，其所获得的效益或价值增量究竟有多少来自公司效率的提高，多少来自对利益相关者的剥夺和侵占，仍然有很大争议。通常说，在一起并购活动中，主导并购方由于控制谈判进程，提前获取大量内幕信息等原因，往往处于相对强势的地位，然而公司中小股东或债权人、基层员工等利益相关方则由于话语权小、信息不对称等缘故容易沦为弱势群体。而强势方在不受约束的情况下，极有可能为了自身的利益最大化，做出不利于弱势方的决策，形成利益损害和侵占。国外学者的一些研究结论已表明，并购产生的价值溢出其实来自相关利益方的损失。如 Warga 和 Welch 于 1993 年的研究表明，并购剩余价值来自目标公司债权人的损失，Shleifer 和 Summer1988 年提出剩余价值出自员工遭解雇的损失，Petersan 在 1992 年认为并购能从公司养老金计划中获益。

如何在并购活动中切实有效保护广大中小股东、债权人、员工等的利益呢？综合来看有以下四类解决方案：一是自由市场主义的市场论观点，认为无须外界干预，市场内在机制即激烈的市场竞争将对并购决策方的机会主义行为起到制衡作用。但市场不完全性导致的市场失灵使这种观点显得一厢情愿，事实证明市场自身无法信息不对称等问题。二是通过事后的法律行动来约束并购强势方的行为，利用法律追溯机制防止利益侵害，维护弱势方利益。但法律诉讼只能是事后行为，且存在执行成本高、时间周期长等缺点，并且法律也像合约一样，都是有缺口和不完全的（Pistor 和 Xu，2002）。三是政府进行干预和监管。由于并购活动往往涉及面广、影响力大，维护其公正性还关系到一国资本市场的健康发展，因此政府会介入干预。Glaeser、Johnson 和 Shleifer（2001）回顾美国政府行政监管历史背景，比较分析了监管执法与法庭诉讼的差异得出结论：监管型政府崛起的主要原因是政府干预更为有效，在金融市场和资本市场中有效性凸显。四是政府完全接管经济，即实行完全的国家计划经济，企业完全国有化管理以消除市场的无秩序，但事实已证明完全计划经济路子是行不通的。

正是出于上述考虑，为维持并购中公平与效率的平衡关系，保护中小股东等相对弱势利益相关者的利益，促进资本市场有序健康发展，发达国家仍极为重视政府对并购的干预和监管。

四、实现国家产业政策和产业结构的调整，增强企业国际竞争力

并购作为一种特殊的市场手段，能够快速高效地汇聚企业资本，扩张企业规模，重组社会和企业资源，以企业常规发展状态下不可想象的几何增长速率组建形成具有强大竞争力的大型企业集团，凭借深厚的资金、人才、技术、市场优势，迅速占领行业制高点，深刻改变行业竞争态势。同时，并购产生的大企业集团产业集中度高，实力雄厚，有利于集中资金、技术优势研发新产品、新技术、新工艺，实现产业升级换代，从而优化产业结构。正因如此，并购活动对于国家产业政策走向和产业结构调整都有不可忽视的影响。而政府作为社会经济的全面管理者，国家产业政策的制定者，一定会充分利用并购的这种优势，适时干预，合理引导，将并购政策与国家经济发展战略和产业政策相结合，以有效推动国家整体经济实力提升和国家产业结构升级优化。日本和韩国是发达国家中贯彻这种并购政策导向的典型代表。

进入20世纪80年代以来，随着科技的进步和世界各国国内市场的逐步开放，全球经济一体化进程明显加快，企业面临着世界范围的竞争。而大企业集团由于在资金、人才、技术、成本和市场规模方面的优势，显然在提升国际竞争力方面更具优势。正是出于提高企业国际竞争力考虑，以美国为代表的西方发达国家原来以反垄断为重要动机的政府干预逐渐向放松并购限制的方向转化，这一特征在第五次并购浪潮中表现得尤为明显，也是世界经济形势发展变化的反映。

第二节　中国政府干预并购的动因

中国与西方发达国家有所不同，作为正处于体制转轨特殊历史时期的发展中经济体，有自己的特殊国情。我国实行以公有制为主体，多种所有制经济共同发展的基本经济制度，国有企业作为中国企业的主体成分，自然也成为了我国并购市场的领头羊。而政府作为行使国有产权的代表，自然而然成为了中国并购市场的重要参与者，导致中国政府在行使市场监管者职能的同时又履行着产权所有者的职能，这种集裁判员与运动员于一身的角色扮演与西方国家政府有着很大不

同，也使得中国政府干预企业并购呈现出更加复杂的动因，归纳起来，主要有以下几种：

一、地方政府帮扶亏损企业的解困动因

在发达市场经济中，并购是企业的一种自主性行为，是一种提高收益（或避免损失）、降低风险的工具。对于优质盈利企业来说，当发现了可以并购的对象，且并购行为又能产生规模效益，就会迅速出手；同样，对于亏损企业来说，当发现亏损难以避免且有长期化趋势时，或自身在资产运营上已丧失比较优势时，就会考虑将企业以满意的价格出售。这些行为都应该是"你情我愿"。这是并购行为在市场经济规则下的一般特征。

一旦政府介入企业并购之后，情况就将发生变化。因为政府与企业考虑问题的出发点不同，企业只关心自身效益和生产效率，政府却要从全社会的角度来考量整体资源配置效率。所以并购也往往成为政府手中用来实现其政策意图的一种工具，这在处于经济转轨期的中国表现尤为明显，政府通过指令优势企业并购亏损企业，快速高效实现"扶贫帮困"，成为政府干预并购的重要动机，这一动机在 20 世纪 80 年代末至 90 年代初的国企并购活动中尤其显著。国有企业体制改革的逐渐深入充分暴露出了传统体制下存在大量"僵尸"企业所积累的种种弊病。此类"僵尸"企业长期亏损且扭亏无望，却依靠国家输血苟延残喘，占用大量社会资源，享受高额财政补贴，地方财政不堪重负。相反，许多优秀企业却由于资源不足而无法快速发展。如果简单采用破产制度淘汰落后产能，产生的大量失业人员在社会保障还不完善的中国将引发剧烈动荡。并购既能帮助优势企业实现低成本快速扩张，产生规模效益，又能作为一种破产替代机制，解决亏损企业重组，人员安置等棘手问题，减轻政府负担，维护社会稳定，为地方政府偏爱并着力推动也就不足为奇。发生在 20 世纪 80 年代初，作为我国首例国企兼并案例的河北保定锅炉厂兼并保定风机厂案例，就是典型的地方政府驱动型并购。应该说，该类并购确实产生了一定的正面效果。"通过对 8 个省市 557 个被并购企业的抽样调查表明，470 个原来亏损的企业中 405 个已扭亏为盈，占原亏损企业总数的 86%。"①

---

① 孙俊峰：《我国上市公司并购中政府干预的影响》，暨南大学，2007 年 5 月 1 日。

政府强势驱动的并购有许多"隐性"成本不应被忽视，甚至可能成为影响该并购成功与否的关键因素。这些成本包括管理层主动性、激励机制以及被并购企业抵制可能等因素。显然，对一个并不情愿的被并购企业而言，并购不能产生激励兼容的效果。即使对优势企业，对政府干预的并购也往往态度勉强。因为此类并购处于"解困"目的，需承担较大社会责任。且并购打破了原有管理格局和利益格局，若激励和监督机制没跟上，容易遭受管理层反对。若并购导致优势企业利润被摊薄而影响了分配，还会招致职工的反对。这些因素也是后来许多政府"拉郎配"式的并购结果并不成功的原因所在。

二、政府推动产业结构调整动因

与西方发达国家一样，我国政府作为社会经济发展的管理者和决策者，具有动用一切手段推动国家产业结构优化升级，提高产业竞争力，合理配置社会资源的强烈动机。产业结构调整方式分为增量调整和存量调整两种。通常采用的增量调整方式主要是做"加法"，需要新增大量投资，占用巨额资金，投资、建设、回报周期都较长，容易产生重复建设、铺展浪费等问题，环境压力也较大；存量调整方式则是整体资本总量不变条件下的资本"优化组合"，常常是做"减法"，通过对既定资本存量的流向和分布进行合理引导和配置，淘汰落后产能，削减过剩产业，推动新兴产业和先进产能发展，以提高资源整体利用效率，实现产业结构调整的总体目标。长期以来，我国经济增长严重依赖投资驱动，1978～1990年，投资对于中国经济增长的贡献率平均为 30.3%，1990～2000 年上升至 36.1%，2001～2007 年，平均投资贡献率更是上升到了 49.5% （陈露，2009）。投资在驱动中国经济高速增长的同时，也带来了不良后果，主要表现在产能过剩、政府债务高企、消费不足、资源环境瓶颈等。因此，政府对于以投资为主的增量调节方式的运用也正趋于谨慎。2013 年 6 月 19 日，国务院总理李克强在国务院常务会议上提出"优化金融资源配置，用好增量、盘活存量"。"用好增量、盘活存量"的八字方针可以说已经为金融资源如何更好地服务于实体经济，支持经济结构调整和转型升级指明了思路和方向。"盘活存量"指的就是用好用活存量调整方式来促进产业结构调整升级。"盘活存量"的内涵是发挥金融市场价格的方向作用，只要价格信号准确了，存量就活了，自然就会反馈并支持实体经济发展和产业结构提升。而企业并购正是市场价格发现和存量调整的重要方式之一。并购以一种完全市场化的方式将错配的存量资源重新调配整合，在此过程中产生并向市场传递出正确的资产价格信号，市场又以此价格信号为基准和杠杆，引导和调配资源的整合，将资金、人才等资源吸引到能产生更高效益的企业和产业中，淘汰落后企业和产业，从而将引发更多的并购行为，产生和发现更多更准确的价格信号，在如此周而复始、良性循环的动态过程中，存量资源得以盘活，产业失衡得以逐渐纠正，企业和产业竞争力得以逐渐提升。这无疑是政府所希望得到的结果。

正是由于上述原因，我国政府十分重视发挥并购在构造存量资产流动机制方面的重要作用，并主动通过各种方式对并购活动施加影响。自 1995 年起，我国政府就开始有意识地将企业并购与经济结构优化调整相结合，规范推进国企的兼并和破产，实现国有资产的有序重组。国务院成立全国企业兼并破产工作领导小组，指导监督企业的兼并破产工作。各参与资本结构优化试点的城市也相继成立了企业兼并破产试点工作协调小组，牵头推进企业兼并破产工作。1996 年新规模经济标准及国家重点鼓励发展产业、产品和技术目录的先后制定颁布，及出台对部分基础性产业的竞争性和垄断性业务的分业管理措施等，都为全国范围内以并购方式推进国企资产重组，有序调整经济结构拉开了序幕。随着改革开放的逐渐深入，我国对有关并购的法律法规、政策、制度的逐步完善，以及对多层次资本市场体系的着力打造，都是出于鼓励、扶持、引导、规范市场并购活动，以促进产业结构调整升级。

三、政府对并购的管制动因

政府干预并购的行为选择还可能在于，当认为即使付出较大的成本之后仍未能阻止国有资产的流失，通常情况下，政府将倾向于采用直接管制方法来干预国企的并购。除此以外，对于政府认为是不适于被非国有经济（如外资企业）进入的部门或行业，它也将设置行政性障碍以阻止并购的发生。前者如采用行业主管部门否决制，后者如颁布"外资企业不得购买上市公司中的国有股权"等行政法规，以及市场准入制度中的限制性条款等。应该指出，以上方式并无不妥之处，尤其是涉及跨国并购活动，常可能会触及国家利益，因此各国政府都会采取不同方式进行干预，只是程度大小的区别。但问题在于我们现行的一些法规的滞后性和不确定性常常会对并购中的双方造成巨大的损失。

四、政府出于地方利益保护主义的干预动因

我国经济体制改革的一个重大举措就是将中央政府经济权益下放地方，同时中央政府也将一部分社会保障职能和负担下放地方政府，如就业、养老保险，部分教育、医疗、基础设施建设等。为保证这些职能的正常运转，地方政府必须拥有与之匹配的收入来源。而1994年分税制改革实际上缩减了地方政府的财政收入来源，因此随着地方政府利益机制的逐步明确，其利益驱动意识也日趋强烈。地方经济越发达，财政收入也越多，现实状况决定了地方政府干预地方经济的兴趣越发增大。另外，在改革开放初期，我国在经济发展上实行了地区非均衡发展战略，沿海地区比起内陆地区获得更多改革开放的倾斜政策，这些地区先富起来了，却进一步加大了各地区之间经济文化发展的不平衡。这种非均衡性使得地方政府间的竞争事实上处于不同的起跑线上，从而导致一些落后地区的地方政府在竞争不利时很容易倾向于采用非经济手段。在当前经济体制格局下，地方政府行为是由自身的经济利益（地方财政收入）决定的。自身利益的最大化往往就意味着确保地方财政收入来源的最大化。因此地方企业，尤其是国企和大型企业在参与市场竞争时，它们的背后实际上代表着地方政府的利益。在许多情形下，地方政府甚至直接代表本地企业参与市场竞争。这样，当一个地方政府（特别是位于劣势一方的）在面临另一个地方政府的竞争时（直接对手往往是地方性国企），一种看起来似乎是直接而有效的防范手段就是"地区封闭"，"诸侯经济"由此产生。

正是由于"诸侯经济"的现实，地方政府在对待并购活动呈现两种姿态，也常被称为"并购悖论"。地方政府一方面在利益驱使下积极鼓励本土企业并购外地企业，并为本土企业扩张提供许多优惠措施和政策支持，如税收优惠、银行贷款优先、债务延期或减免等。地方政府甚至会亲自上阵，动用行政力量将各领域的分散企业进行联合，组建行业内大型企业集团，以增强本土企业对抗外来竞争的能力；另一方面却排斥外地企业对本土企业收购行为，并将其视为图谋吞并本地产业的一种威胁。从地方政府的角度来看，若本土企业为外地企业所并购，其利润和产值都将不属于本地政府，因此，必须对这种不友好的"入侵"式收购采取一些措施进行干预和阻挠，如将亏损企业与目标企业进行"捆绑"出售，在员工安置、债务重组等方面设置障碍等。

从市场经济角度看，地方政府对本土企业的这种"偏爱"是难以理解的。本土企业业绩再差也不愿卖给外地企业，甚至不惜出手干预，结果造成资源的区域配置无效率和规模配置无效率。追根究底，这种现象都是由地方利益保护主义造成的。在我国现有财税体制下，对于地方政府而言，其获取的加工收入和拥有的资源数量是成正比的。在这种利益关系下，在整体市场中的资源是否合理配置并不是地方政府的优先考虑。为保护地方利益，尽管本地区规模经济不足，或并不适合发展某些产业，地方政府仍会千方百计控制本地资源，并进而保护本地落后企业或缺乏规模效益企业的生存，阻碍企业资源合理流动，甚至还要到外地去并购企业，抢购资源。这种保护地方利益的强烈动机导致地方政府频频出手干预并购活动。

五、"领导偏好"引致的政府干预

中国客观存在的强势政府体制背景下，所有经济活动中"领导偏好"的影响不可忽视。每一层级政府的实际决策者是每一层级的"领导"，他们同时又是每一层级国有资产的代理人，拥有处置企业资产的最终发言权。作为一方政府的首脑人物，他们考虑问题往往需要着眼全局，顾及方方面面的利益诉求，反复权衡，慎重决策。这使得他们在面对企业并购行为时不能仅考虑企业局部利益，而更多的必须照顾到对当地人民在就业、福利等方面的承诺等不同角度的公共利益，尽管由此做出的干预可能违背效率标准，从而扭曲企业并购的效率目标。

除此之外也应该估计到一些"领导偏好"出于某些"领导"自身特殊利益，可对此做出以下几种分析：一是通过积极"组建大型企业集团"，展示其在构建现代企业制度、产业竞争力提升等方面的改革成就，而实质上则是对改革的一种敷衍；二是"领导"为了提升自己的政绩，积极鼓励并促成一些有实力的优势企业并购亏损企业，以减少亏损企业数量，降低整体企业亏损面，从而造成经济繁荣的假象。三是也可通过促成企业并购方式摊薄优势企业的利润，从而达成逃避上一级政府税收目的。

另外，大家完全可以设想，假如一家优势企业能够"做通"某些"领导"的工作，获取其支持，那么毫无疑问，并购之路将是一片坦途，获得的"交易"价格也将便宜实惠。同样道理，假若被收购对象企业的管理层为了维护自身利益，能够积极"游说"、"领导"成功，反对此项并购，那么交易将很可能流产，职工安置不力、影响社会稳定等都可能成为拒绝并购的理由。在现实国情中，"领导偏好"所引致的政府干预对企业并购的结果往往具有举足轻重的影响。

六、政府介入并购以弥补市场不足，降低交易成本的动机

在完全市场经济体制下，企业并不为政府所有，因此企业最终决策权和剩余所有权也并不掌握在政府手里。西方成熟市场经济国家，由于市场化程度高，大多数企业为私有制，产权清晰，拥有自由转让其使用资源的权利，产权市场体系和功能都较完善，交易成本较低，所以政府一般不直接干预企业的并购行为，即使干预，一般也是考虑到社会的整体资源配置效率，对可能会造成垄断等社会福利损失的并购行为进行某种程度上的公共管制。

我国市场经济制度还不成熟，在市场、信息不完全的情况下，企业仅凭自身能力寻找市场成本很高，昂贵的交易费用完全可能使一起本来可以双赢的交易最后难以达成。通常，一项并购交易前期就包含了信息的搜寻、汇总、处理和谈判等工作，后期还要面临并购后的重组、磨合等，这些都需付出较高成本。相比较而言，组织的内部协调可以大大削减此类费用。从某种意义上说，由政府来组织并处理信息，交易成本要小得多。因此，市场的不完备赋予了政府理性干预经济生活的一定合理性。现实中许多政府对国有企业并购的干预行为，实质上也是将企业之间的内部交易转化为政府组织的内部协调，客观上也大幅度地降低了交易费用。

我国宏观经济中的结构性矛盾较突出，尤其地方产业结构的同构化问题严重，这与长期以来各地方政府主导的重复建设有很大关系。这种结构性失衡若单纯依靠市场自发调节，过程漫长而痛苦。而且失衡的根源追根究底是政府行为所致，若地方政府不参与改变，市场也难有作为。我们知道并购在产业结构调整中发挥了重要作用，如果由地方政府出面介入企业并购，推动地区内产业结构调整，不仅增加调整成功的可能性，还能缩短调整周期和节约调整成本。

此外，由于地方政府介入并购具有一个制度保障上的优势，现实生活中各并购主体常常欢迎政府介入并购交易的签约。法制的缺损、诚信体系的缺失是我国面临的一个非经济性的问题。在这样的环境下，企业间订立的合约存在许多的违约风险。商业活动中我们经常会遭遇到并购交易的某一方要么隐瞒企业的一些重要信息，如关联交易、重大亏损等，要么索性毁约，诸如此类。即使国企之间的

并购交易中风险依然存在。显然依靠企业本身对合约进行监督其成本太高了。此时，参与并购的企业方往往希望政府利用行政力量对并购合约进行监督，这样能提高违约成本，增加并购成功率。

七、政府干预以消除并购的负外部性影响的动机

我国企业并购的外部性是现实存在的，既有调整产业结构、优化所有制结构等正外部性，也存在负的外部性，主要有：

首先是并购产生的员工失业问题。企业并购的最终目的还是提高经营效益，优化资源配置，因此并购重组后的减员增效往往是不可避免的，将直接导致大量的企业富余人员下岗。尤其是我国的国有企业，长期以来由于历史包袱、体制、国情等原因，机构臃肿，人员超编，据有关方面估计，我国国企富余人员占职工总数的20%～30%，可以想象，若发生大规模企业并购浪潮，而政府又不予以干预的话，我国城镇失业率将急剧上升，产生的下岗员工大潮将引发严重的社会问题，影响社会稳定。

其次是并购中可能发生的国有资产流失问题。在我国现有商业、法律环境下，企业并购过程中通过有意低估国有资产价值达到低价收购国有资产目的，从而造成国有资产流失的概率不可低估。资产估价原本就存在评估标准多样且不够精确的问题，不同的评估标准下，最终的评估值可能有较大的差别，模糊空间很大，尤其对于一些无形资产的估价（如商誉、品牌、专利、版权等）评估尺度很难把握。并购交易中的资产评估一般都要求引入独立的第三方资产评估机构，如会计师事务所、资产评估公司等。但是，这些中介机构也是商业盈利机构，在巨大的利益诱惑下，往往也难以独善其身，评估结果的客观性、公正性和准确性都大打折扣。事实上，中介机构抛弃职业操守，故意低估国有资产正是国有资产流失的重要途径。现有国资管理体系下，国资代理人的道德风险也难以忽略。MBO（管理层收购）在我国曾经风靡一时，但在2003年4月却突然被财政部踩了刹车，宣布暂停，就是诸多案例在国有资产的估值上都是疑点重重而受到广泛声讨。所以，现阶段的并购交易特别是涉及国有资产的交易，为防止国有资产流失，需要付出高昂的监督成本，这种监督成本最好的承担者目前来看仍然是政府。

上述负外部性问题所带来的影响往往不限于经济层面，还涉及社会、政治等

层面，因此应引起政府高度重视。如怎样解决好下岗（失业）人员的再就业和生活保障问题，是我国政府面临的重要课题，处置不当极易引发社会动荡，影响政局稳定和社会和谐。而国有资产流失则常涉及经济腐败，容易导致社会不公和贫富差距扩大。现阶段我国政府对企业并购干预的考量出发点已不仅是经济利益，往往出于对社会治理和政治措施的综合平衡。

第六章　中国公司并购中政府干预行为分析

本章将对中国政府干预行为本身进行探讨：首先详细介绍公司并购中政府干预具体行为的理论渊源及其演变：产业组织理论的哈佛学派、芝加哥学派和可竞争市场理论；深入分析我国政府干预并购行为的制度背景；详细列举了我国政府干预并购的几种具体行为；总结了我国政府干预并购行为的特征；最后着重阐释了我国公司并购中政府行为的"诺斯悖论"现象。

第一节　政府干预并购行为理论基础

公司并购所容易产生的不良经济后果最主要是可能导致垄断。垄断的出现将严重损害市场竞争的活力，因此，制定能维持有效竞争的反垄断政策——一种既能保护正常的企业并购，以维护市场竞争活力，又能有效阻止形成市场垄断的并购行为的公共政策——成为政府追求的目标和责任。为政府制定干预并购政策提供最大、最直接支持的经济理论，主要是产业组织理论中的哈佛学派、芝加哥学派和可竞争市场理论。

一、哈佛学派理论和政策主张

（一）产业组织理论体系的形成

美国哈佛大学是产业组织理论发源地。1938 年美国经济学家梅森在哈佛组织人员研究市场竞争中的组织和行为问题，并率先提出理论体系和研究方向。克拉克在 1940 年发表的《论有效竞争的概念》是产业组织理论研究的重大成果，文章表述了有效竞争的概念。梅森的学生贝恩于 1959 年完成著作《产业组织》，该书是系统阐释产业组织理论的第一部教科书。此外，该领域重要代表人物还包括谢勒、谢菲尔德等，学者们都主要来自哈佛大学，这也是哈佛学派的由来。

（二）哈佛学派主要观点

哈佛学派构建了以市场结构、市场行为、市场绩效为分析支点的 SCP 分析框架，认为市场结构决定企业行为，企业行为决定市场绩效。要改善市场绩效，重点是采取措施优化市场结构。强调市场结构的重要性是哈佛学派的理论特点，因此该学派也被称为"结构主义学派"。在市场效率判断标准上该学派认为市场上企业数量越多，竞争状况越充分，资源配置效果越好。而垄断的市场结构则会严重妨碍市场竞争，损害国家整体经济。

哈佛学派认为，促成和维护有效竞争的市场结构应该成为政府政策主要着眼点，为此可以实施企业分割、禁止并购等措施来防止市场经济领域的垄断或限制竞争现象。

哈佛学派观点在第二次世界大战后成为以美国为代表的西方社会的主流产业组织理论思想，深刻影响了政府并购规制政策的制定。

（三）哈佛学派对政府干预政策的影响

"二战"后，尤其是在 20 世纪六七十年代，哈佛学派的理论对于美国制定公司并购规制政策的政府决策层有巨大影响，被奉为主流经济思想，左右着并购领域政府干预政策的走向。在这一时期，美国政府和立法机构都认为，只有构建竞争性的市场结构，才能保持美国企业的长久活力，实现美国经济的长期繁荣发展。而要达到这个目标又必须依靠建立严格健全的反垄断法律体系的政策体系。而现有法律对于市场垄断规制的力度不够，应该继续立法加强。这些精神在 1968年总统特别委员会的反垄断报告书上得到很好体现。哈佛学派的市场结构主义观点在这段时期的美国反垄断实践上也得到了坚决贯彻，美国司法部相继对一系列并购案件提起反垄断诉讼。如 1969 年的 IBM 公司案、1972 年的 Xerox 公司案、1974 年的 AT&T 公司案等。

进入 20 世纪 80 年代之后，哈佛学派的影响力逐渐丧失，美国反垄断政策方向也随之发生改变，这主要受到多方面因素的影响。一方面，国际和美国国内经济形势跨入20世纪80年代之后发生了变化，全球经济一体化趋势越加明显，国际商业竞争十分激烈。美国一些原本领先的传统企业在国际市场上屡遭挫败，过于严厉的反垄断政策导致的企业规模太小，综合实力不足被认为是重要原因之一。而且当时许多反垄断案件旷日持久，诉讼成本过高，使得国内舆论开始怀疑这种规制政策的实用性。另一方面，崇尚自由竞争、放松规制的芝加哥学派开始崛起，接过哈佛学派的经济思想指挥棒，并在里根时代成为主流。

二、芝加哥学派理论和政策影响

（一）芝加哥学派基本观点

20世纪50年代哈佛学派的理论渐成气候之时，美国芝加哥大学的一些学者也开始陆续提出自成一派的产业组织理论思想和政策主张，代表人物主要有斯蒂格勒、德姆塞茨、波斯纳等，他们的观点与哈佛学派的观点针锋相对，两种理论常常发生激烈辩论，学界将其称为产业组织理论的芝加哥学派。该学派思想和主张在20世纪80年代里根总统执政期间获得采纳，并就此取代哈佛学派的官方指导理论地位。

芝加哥学派深受芝加哥大学传统的经济自由主义和社会达尔文主义思想影响，信奉自由市场经济中竞争机制作用和市场的自我调节能力。他们认为市场均衡无法通过政策干预实现，主张政府应该尽量减少对市场竞争过程的干预，而把精力放在制定市场制度上。与哈佛学派不同，芝加哥学派认为高集中度市场结构中的高额利润并非来自垄断势力，而是来自大企业的高效率。因此，即使市场是垄断的，只要市场绩效良好，政府干预就没有必要。①

（二）芝加哥学派对政府干预政策的影响

芝加哥学派奉行经济自由主义思想，认为应尽可能减少政策对产业活动的干预，政府应当放松反垄断法等规制政策。该学派明确反对哈佛学派提倡的严格控制并购和拆分大公司做法，认为反垄断政策重点应放在对企业市场行为的干预上，主要是对卡特尔等企业间价格协调行为和分配市场的协调行为实行禁止和控

---

① 夏大慰：《产业组织与公共政策：芝加哥学派》，《外国经济与管理》，1999年9月20日。

制，因为这些行为未能提高生产效率，却阻碍了产业发展。[1]

20 世纪 80 年代之后，国际和美国国内经济形势发生了变化，全球经济一体化趋势越加明显，国际商业竞争十分激烈。美国一些原本领先的传统企业在国际市场屡遭挫败，过于严厉的反垄断政策导致企业规模太小，综合实力不足以及经济缺乏活力被许多学者认为是重要原因之一。芝加哥学派"效率优先"的反垄断政策渐成主流，引发美国反垄断政策的"芝加哥革命"，使得整个 20 世纪 80 年代，美国的反垄断案件数量大幅减少。

三、可竞争市场理论及政策主张

（一）可竞争市场理论基本观点

可竞争市场理论奠基人是美国经济学家鲍莫尔、帕恩查、韦利格等，鲍莫尔于 1981 年首先提出了可竞争市场的概念。1982 年三人合著的《可竞争市场与产业结构理论》一书标志着可竞争市场理论的形成。该理论发展了芝加哥学派理论，认为即使在垄断或寡头市场，仍然能够实现良好的市场效率。只要进出市场完全自由，沉没成本低，即使在集中度高的垄断市场结构下，企业仍面临激烈竞争，仍可实现可竞争市场的高效率。[2]

（二）可竞争市场理论对政府干预政策的影响

可竞争市场理论的流行与当时社会和政府对政府规制政策本身所存在的诸多问题反思有关，并且也成为美、英等国并购市场规制政策由严格转向宽松的政策转向的理论依据之一。

该理论认为，若市场是可竞争的，则寡头企业的并购甚至可能导致市场效率更高。若市场接近完全可竞争，自由放任比管控更好。政府政策重点应在尽力降低市场沉没成本，如消除市场壁垒或采用新技术等，以保持充分的市场潜在竞争压力。该学说尽管在理论界存在争议，但对西方国家并购规制政策的思路转变有不可忽视的影响。

---

① 夏大慰：《产业组织与公共政策：芝加哥学派》，《外国经济与管理》，1999 年 9 月 20 日。

② 夏大慰：《产业组织与公共政策：可竞争市场理论》，《外国经济与管理》，1999 年 11 月 20 日。

第二节　中国政府干预并购行为制度背景

企业并购中政府行为的发生是有一定的制度背景的。一般而言，制度包括两个层面：一是制度环境，即一系列用来确定生产、交换与分配的基本政治、社会与法律规则；二是制度安排，即支配经济单位之间可能合作与竞争方式的具体规则。就企业并购而言，与之相关的经济制度因素主要是产权制度、企业治理结构、企业并购市场制度等方面。我国企业并购中政府行为是在相应制度条件下产生的。

一、国有企业产权制度

企业并购作为一种产权转让或交易行为，在企业并购中企业所有权和由此引起的企业控制支配权在不同所有者之间发生转移。企业并购基础是企业产权制度，在企业产权制度的框架内，产权主体实行企业产权的交易和流动。在集权式计划经济中，国有企业产权集中于权力中心，集权式制度安排的内在规定性使得权力中心无须通过并购，也能实现国有企业控制权的转移。在市场化改革进程中，权力中心预期到制度安排之外的潜在利益，在特定路径依赖下，用地方分权制度安排替代了中央集权式制度安排，事实上把国有企业剩余索取权和控制权在权力中心和地方各级政府之间做了分割，地方政府成为其行政边界之内国有企业产权的产权主体，这种格局使国有企业之间的产权交易与重组，具有了并购的基本性质。地方政府作为其行政边界之内国有企业的主要产权主体，必然把国有企业视为实现其利益最大化的现实载体，从而在企业产权流动中渗入政府意志。地方政府从所有者的角度介入或干预企业并购，就成为顺理成章的事。

二、国有企业治理结构

在完全按照市场化原则进行的企业产权交易中，由于有多家并购方企业参与市场竞争，市场反映出的并购价格信号是真实的，基本体现了被并购方企业的市场价值。所以并购活动中企业真实价值能够通过市场价格得以传递的前提条件是并购市场必须具备足够的竞争性。然而我国正处于经济转轨期的市场显然并不完全具备这样的条件，因此并购中的各种信息反馈内涵更为复杂。在我国，政府尽管是国有企业产权所有者但却并不负责国有企业的日常经营，所有权和经营权分离，就会产生委托——代理问题。"由于委托人与代理人的效用函数不一致，且存在着企业内部经营的信息不对称，代理人利用信息优势去损害委托人的利益，产生内部人控制的现象。"[1] 实际上，由于我国国有企业的治理结构不够健全，导致在许多并购交易中"内部人控制"现象也屡见不鲜。其中最为常见的有国企管理层与并购方相勾结串通，故意低估国有资产价值，造成国有资产由于被低价收购而流失；管理层与被并购方合谋，有意高估被并购方资产价值，或事先以劣质资产置换出目标企业的优质资产，再高价收购目标企业，等等。在我国国企治理结构存在缺陷，"内部人控制"的委托代理现象难以消除的情况下，政府出于维护自己作为所有者的权益和国有资产保值增值的目的而直接干预市场并购活动，也是一种不得已的无奈选择。

三、企业并购市场机制功能的缺位

从我国企业并购市场制度建设层面分析，市场机制功能的缺位，主要包括市场中介机构和资本市场建设的不健全以及法律法规体系建设的滞后。并购市场中介机构如律师、会计师、审计师事务所以及投行等以其拥有的人才、信息、专业优势，为企业并购提供全方位咨询和信息服务，极大降低了信息和市场协调成本，是并购市场繁荣的催化剂。成熟市场经济国家拥有强大、发达的中介机构网络，政府的作用大大弱化了。我国的中介机构建设无论数量还是质量都存在不小差距，这也是我国并购市场环境建设的一大短板。资本市场为投资者和企业提供全面的上市、交易、结算、市场信息等功能服务，还为公司并购提供专业规范的场所。资本市场建设在我国也长期落后于发达国家。因此，在这些市场功能缺位的情况下，从某种意义上说，政府搜寻、获取、组织并处理信息，交易成本要小得多。现实中许多政府对国有企业并购的干预行为，实质上也是将企业之间的内部交易转化为政府组织的内部协调，客观上也大幅度地降低了交易费用。在这里，政府实际上对体系和功能均不够完善的市场起到了某种程度的弥补和替代作

---

① 青木昌彦、钱颖一：《转轨经济中的公司治理结构》，中国经济出版社 1995 年版。

用。此外，并购的法律体系建设是否完善也是保证并购公正性和规范性，保障中小股东及职工权益的重要保障。由于我国的并购法律体系建设长期滞后，这也让现阶段公司并购活动中的许多政府干预行为成为现实需要。

第三节　中国政府干预并购的阶段性行为方式

改革开放以来，我国企业并购的发展大致经历了三个阶段。而国有资产所有者和社会管理者的双重身份，使得我国各级政府不仅在各阶段的并购活动中都扮演了重要角色，而且随着不同历史时期具体目标的不同，所采取的阶段性行为方式也是多样化的。

一、为扭亏扶劣，直接推动优势企业对亏损企业的兼并收购

20 世纪 80 年代初期，随着国家改革国企经营体制若干措施的出台，以及企业所有权和经营权"两权分离"改革的逐渐深入，企业和政府对于企业产权关系和市场的作用都开始重视。一些经营情况良好的优势企业（主要是国企）往往囿于厂房、设备、人员、资金等方面的不足，无法扩大生产规模，产生规模效益，企业自身有强烈的扩张冲动。同时，有许多长期陷入亏损的国有企业由于经营不善，导致负债累累，濒临破产，只是依靠政府的巨额补贴才勉强维持，给地方财政造成了沉重负担。在此背景下，地方政府出于拯救亏损企业，卸掉财政包袱的强烈动机，主动出击，借助市场的力量，以所有者的身份积极牵线搭桥，引导甚至"劝说"一些优势企业兼并重组那些扭亏无望、沉疴难起的企业，希望能够借此大幅度消除亏损企业，并转嫁财政负担。这一时期的并购交易中，政府的行政撮合成为主要形式，许多并购都带有浓厚的行政干预色彩，甚至带有明显的强制性，也就是政府部门通过行政命令、行政手段来强行促成并购交易的达成，即所谓的"拉郎配"现象。被学术界称为"保定模式"的企业并购模式就是这一时期政府干预型并购的典型代表。

1982 年，河北省保定市预算内的亏损企业多达 35 家，亏损比例达到 48%，亏损金额达 1731 万元，经济形势十分严峻。直至 1984 年，保定市整体经济形势

不仅未见好转，反而进一步下滑，企业亏损面已高达50%。为走出扭亏增盈新路子，扭转经济被动局面，保定市政府萌发了以大带小，以优并劣的思路，逐渐走上了"扶持先进，淘汰落后"的路子。1984年，保定纺织机械厂以承债方式兼并保定市针织器材厂，开创了中国现代企业并购的先河。由于并购后整合效果不错，尤其是消灭了亏损企业，减轻了政府的企业亏损补贴负担，保定市政府备受激励，更加大力推广该模式，至1988年，全市已有16家优势企业兼并了17家亏损企业，市属预算内工业企业当年经营性亏损几乎全部消灭。

武汉市的企业并购之路几乎与保定市同时起步，原因也几乎相同，为扭亏解困。1984年12月，武汉市牛奶公司出资12万元收购了汉口体育馆的产权，这是国有企业有偿并购集体企业的最早案例。到1988年3月止，武汉市已有40家企业兼并了50家亏损企业，创造了"武汉模式"。在保定、武汉市的示范带动作用下，自1986年起，全国多个城市如北京、沈阳、重庆、郑州、南京、无锡、深圳等也开始了企业并购的尝试和探索。

为扭亏脱困目标而掀起的又一次企业并购高潮发生在1998～2000年的国企"三年脱困"期间。1997年召开的中共十五大和十五届一中全会提出，用三年左右时间，使大多数国有大中型亏损企业摆脱困境，力争到2000年底大多数国有大中型骨干企业初步建立现代企业制度。为顺利达成这一宏伟目标，在政府的强力推动和相应政策的大力支持下，国企兼并重组的闸门打开了。仅1997年，6599家国有大中型亏损企业中，通过兼并、联合和破产注销的就达2000家。三年来，通过兼并和破产转为其他类型企业或注销的共达3067家。[①]

兼并亏损企业并购方式主要为承担债务式、出资购买式，以及颇具"中国特色"的无偿划拨式，即在政府干预下，国有企业之间产权无偿转移的行为。对于参与并购的优势企业，政府往往从资金、债务、税收方面给予扶持。如提供并购专项贷款，并在贷款年限、利率上给予优惠。债务上允许优势企业并购后通过新增效益分期偿还银行债务，或在计划还款期内，允许被并购企业的原贷款本金停息挂账，第三种是银行同意免收目标企业的银行贷款利息。税收优惠则一般以税收减免或税收返还的方式来体现。

---

① 中国企业家联合会、中国企业家协会：《中国企业发展报告》（2001），企业管理出版社2001年版。

二、多方扶持并购，强势推动企业集团组建与发展

20 世纪 80 年代中后期开始，为促进企业组织结构合理化，鼓励生产要素优化配置和合理流动，发挥企业规模化优势，中央和地方政府不断出台扶持政策，推动以企业并购方式实现企业集团的组建与发展。1987 年 10 月，中共十三大报告提出小型国有企业产权可以有偿转让给集体或个人。1988 年 3 月，七届人大一次会议又明确把"实行企业产权有条件的有偿转让"作为深化改革的一项重要措施。1989 年 2 月 19 日，我国第一部企业并购行政法规《关于企业兼并的暂行办法》出台，大部分省市也陆续出台有关企业兼并的地方性法规。20 世纪 90 年代，政府还在 120 家试点企业集团推动并购重组。密集的政策支撑和政府的鼎力扶持使这一时期的中国并购市场高潮迭起。"仅 1989 年一年共有 2315 家企业兼并 2559 家企业，共转移存量资产，减少亏损企业 1204 家，减少亏损金额 1.3 亿元。据统计，20 世纪 80 年代，全国 25 个省、市、自治区和 13 个计划单列市累计共有 6226 家企业兼并了 6966 家企业，共转移存量资产 8225 亿元，减少亏损企业 4095 家，减少亏损金额 5.22 亿元。"①

20 世纪 80 年代中期至 90 年代初期的企业并购活动，与 20 世纪 80 年代初期的并购活动相比，由于政府的目标导向有所变化，呈现出新的特点，政府干预的着力点也有所不同。政府对大型化、规模化的企业集团式组织结构的推崇，使得这一阶段的并购形式由一对一的单个并购向一对多的复合并购方向发展。在政府的强力支持下，一家优势企业可以并购多家企业组成集团。同时由于企业集团多元化发展的需要，这一时期的并购范围开始打破地区和行业的限制，向跨地区、跨行业的方向发展，因为涉及不同行政边界利益主体的利益，此类并购更加离不开地方政府政策思路的转变和协调机制上的支持。例如，1988～1989 年，首钢集团通过并购扩张实现多元化布局，北京市政府居中协调和被并购企业所在地政府配合居功至伟。有关并购的政府政策、法规的密集出台，以及产权交易市场等配套设施的陆续建立，使这一时期的并购在程序上更为规范。还应提及的是，这一时期政府对并购的干预已不仅仅停留在消灭亏损企业的政绩动因上，而是出于优化经济结构和企业组织结构的目的，强调了存量资产优化重组的作用。

---

① 王玉霞：《现代企业兼并理论——研究与探索》，大连理工大学出版社 2003 年版。

三、扶植关键领域、关键行业优势企业，培育主导性产业鼓励参与跨国并购

20 世纪 80～90 年代，国有企业所有权与经营权相分离的分权化改革始终持续推进，力度颇大，企业的经营自主权也随之逐渐扩大。到 90 年代后期，尽管政府名义上仍然拥有和掌控着国有资产，但对国有资产的收益权和支配权却明显感到被削弱，中央政府认为有必要改变这种状况，决定收紧对国有资产的控制权。于是采取"抓大放小"策略，鼓励一些大型国有骨干企业通过并购实行"强强联合"，做强做大，特别是关系国计民生的关键行业和领域必须组建若干家大型国有企业集团形成支配性力量，这样既能够有效减少需控制的企业数量，增强国家的控制力，又能够提高市场集中度，提升企业竞争力，有效抵御国际竞争。1997 年 9 月，党的十五大召开，十五大报告提出："以资本为纽带，通过市场形成具有较强竞争力的跨地区、跨行业、跨所有制和跨国经营的大企业集团。""国有经济起主导作用，主要体现在控制力上。要从战略上调整国有经济布局。对关系国民经济命脉的重要行业和关键领域，国有经济必须占支配地位。"十五大精神为日后兴起的又一轮大规模企业并购尤其是国企并购高潮奠定了基础和指明了方向。在此背景下，20 世纪 90 年代末，国有经济包括垄断性、关键性行业进行一轮战略性重组，如能源行业中，现在的中石油和中石化就是 1998 年重新组建的。信息产业方面 1994 年中国联通成立，1999～2000 年国务院通过中国电信重组方案，中国电信、中国移动、中国卫通、中国网通、中国铁通相继挂牌成立。1997 年 5 大军工集团重组，成立了现在的十大军工企业集团。

"十五"期间，随着国有经济布局的全面调整，国家更加重视大型企业集团对国民经济的带动作用，集团质量也更加成为关注焦点，并把通过兼并重组形成一批具有自主知识产权、主业突出、核心竞争力强的大企业集团作为未来发展的重要战略目标。"十五"期间，国有经济结构调整的行动计划可概括为：国有垄断、保持控股、抓大放小、减少比重、逐步退出。对于一般行业中的国有中小企业进行私有化改造，实现国有资本的战略性退出，同时着力培育涉及国家安全、公共产品和服务提供、自然垄断、重要高新技术四大产业领域的重点企业集团，在实现国有经济主导作用的同时，实现规模经济，提高资源配置的总体效率。2002 年 6 月 14 日，一汽集团并购天津汽车集团，这一并购预示着中国汽车业格局已经定下基调：要以三大汽车集团为主体，实现强强联合，形成三到四家能够

与国际竞争的一定规模的集团。在此并购重组策略的指引下，国资委还开启了直属中央企业的并购、重组、整合大幕，并取得明显成效。2004 年到 2006 年底，国资委主导了 73 家企业参与的 38 次重组，中央企业数量从 196 家减少至 159 家，推动了国有资本向具有竞争优势的行业和未来可能形成主导产业的领域和具有较强国际竞争力的大公司大企业集团集中。央企重组为培育国家安全和国民经济命脉的重要行业和重要领域的控制力、影响力和竞争力，发展新兴产业和特殊行业创造了条件。

步入 21 世纪，中国部分大型企业集团随着实力的增强以及企业进一步发展的需要，也开始放眼全球，走向世界，制定并实施自己的国际化战略。通过跨国并购快速开拓海外市场，获取先进技术和管理经验，提升企业核心竞争力，无疑成为优先选择，中国政府对此也十分鼓励，提供了许多政策便利和支持。2002 年 9 月 23 日，中国网通用 8000 万美元全面收购亚洲环球电信，这是中国电信商首次在海外进行的并购。2004 年 12 月 8 日，联想集团以 12.5 亿美元并购了 IBM 的全球个人电脑业务，包括台式机和笔记本电脑，以及与个人电脑业务相关的研发中心、制造工厂、全球的经销网络和服务中心，并永久保留使用全球著名的"Think"商标的权利。这是中国企业首次在美国进行 10 亿美元级别以上的大额企业收购，具有里程碑意义。这些跨国收购都得到中国政府的鼎力支持，并在银行融资及行政审批方面提供了便利。

应该说，1996～2005 年这一阶段的并购活动日益规范化和市场化，这归功于股份制企业的发展和证券市场体系建设的逐步规范化，而市场的规范离不开完善的法律支撑体系，对此政府的努力功不可没。自 1994 年起，我国相继颁布了多项法律法规和部门规章，如《股票发行与交易管理暂行条例》、《上市公司收购管理办法》以及新《公司法》、《证券法》等，法律体系的完善使政府干预行为更为规范合法。

四、把握机遇，出击海外并购市场，推动中国企业实施国际化战略

2004～2008 年，全球并购市场出现了资源型公司的并购热潮。据统计，2004 年原材料行业的并购案数只占全部并购的 5%，2005 上升到 15%。2004 年世界钢铁行业并购重组交易创历史最高纪录，并购案数多达 117 件，价值达 312.3 亿美元。2005 年世界钢铁行业并购交易案比 2004 年的 117 件多 48 件。2005 全球

石油和天然气行业的并购交易额达 1600 亿美元，为 1998 年以来最高水平。2008 年，全球企业并购的浪潮已经开始退却，而采矿业却取代金融服务业，成为全球并购金额最大的行业。2008 年 1~5 月，全球采矿业已宣布的并购和收购项目，金额达到 1990 亿美元，为 2007 年同期的 3 倍。

经过近 30 年发展，中国企业的经济实力大大增强，也普遍有了"走出去"的冲动。2005 年开始，人民币大幅升值，加上 2008 年金融危机冲击，欧美国家资产在中国企业家看来一下子便宜了很多。受以上因素加上全球资源型并购浪潮的影响，自 2005 年起，我国的企业并购也呈现资源型并购升温的趋势。尤其是 2005~2009 年，中国企业的海外资源并购力度突飞猛进。2005 年 10 月，中石油集团以 41.8 亿美元 100% 收购哈萨克斯坦 PK 石油公司。2008 年 2 月初，中国铝业公司联合美国铝业公司，以 140.5 亿美元收购力拓伦敦公司 12% 的股权，也使中国第一次在国际铁矿石谈判中具有一定发言权。2009 年 6 月，中石化集团公司以约合 495 亿元人民币的价格收购总部位于瑞士的 Addax 石油公司全部股份，在金融危机背景下，把握住了一次获得海外优质资源的好机会。2009 年 8 月，兖州煤业以约 29 亿美元收购澳大利亚矿企 Felix 公司 100% 流通股票。收购 Felix 将使得兖州煤业年产量增加 14%，权益总储量增加 30%。2011 年 11 月 11 日，中国石化集团宣布以 35.4 亿美元的价格获得葡萄牙 Galp 能源公司巴西公司及对应的荷兰服务公司 30% 的股权。2012 年 7 月 23 日，中海油宣布以 151 亿美元现金收购加拿大全球性能源公司尼克森全部流通股及 43 亿美元债务，成为中国企业出境并购交易史上最大一笔现金收购案。12 月 7 日，加拿大总理宣布该国批准这一交易。2013 年 3 月，中石油集团以约 255 亿人民币（42 亿美元）收购意大利石油集团埃尼运营的关键区块 20% 的权益，是中国对海外天然气田的最大投资；11 月，中石油以约 158 亿人民币（26 亿美元）收购西能源秘鲁公司的全部股份。除了以上的成功案例外，还有一些竞购失败的案例。如 2005 年中国海洋石油公司收购美国优尼科石油公司由于美国政府的阻挠而以失败告终。2009 年 6 月 5 日，力拓集团董事会决定以向中国铝业公司支付 1.95 亿美元的"分手费"的方式，拒绝了中铝的收购。可以看到这些案例的收购主体都是大型央企或地方大型国企，带有浓厚的政府支持背景，这很好地体现了中国政府通过国际并购市场获取战略性资源的政策倾向。但强大的政府背景和支持也恰恰是中海油并购优尼科和中国铝业并购力拓失败的原因。跨国并购总是绕不开政治因素。多年来，国际上的"中国威胁论"始终不绝于耳,而将国企等同于政府的判断也使得国外对于中国国企的海外收购抵制尤其强烈。在外国人眼里,中铝和中海油既是大企业又是大政府,他们的企业决策机制、收购融资的成本、收购之后的发展战略等,都容易引发质疑。资源类并购又特别容易引发国家安全之类的争议。

2008 年金融危机后至今,欧美经济低迷以及中国经济和人民币币值的相对坚挺,使得海外并购市场良机频现,又一轮海外并购热潮在中国兴起。2008 ~ 2012 年,中国企业海外并购总投资金额,从 103 亿美元增长至 652 亿美元,增加了五倍。与此同时,中国企业的海外并购趋势也有所转变,不仅日益增多的民营企业成为海外并购的生力军,并购标的也正在从传统的能源矿产,逐渐转向高科技、食品、服务业。而这种转变也与中国政府大力推动产业结构升级和转变经济增长方式的政策导向息息相关。2010 年 3 月 28 日,吉利控股集团以 18 亿美元的代价获得沃尔沃轿车公司 100% 的股权以及包括知识产权在内的相关资产,这是迄今为止中国汽车业最大规模的海外收购案。这项收购从一开始就得到了中国政府的有力支持。2009 年 9 月,吉利首度证实竞购沃尔沃;同年 12 月,商务部就公开支持吉利收购沃尔沃。这充分说明该收购从一开始就受到中国政府的支持,甚至是授意。工信部部长李毅中还亲自出席了并购协议签署仪式。2011 年 10 月 17 日,中国化工集团全资子公司中国化工农化总公司以 24 亿美元成功收购以色列非专利农药生产商马克西姆——阿甘公司 60% 的股权。2012 年 9 月 5 日,万达院线以 26 亿美元成功收购全球排名第二的美国 AMC 影院公司,成为全球规模最大电影院线运营商。2013 年 5 月 29 日,双汇国际以约 432 亿元人民币(71 亿美元)收购美国史密斯菲尔德食品公司,该收购获得了美国外国投资委员会的审批许可,并使双汇集团成为世界最大的肉制品企业。2013 年 6 ~ 11 月,紫光集团相继以约 108 亿元人民币(17.8 亿美元)和约 55.3 亿元人民币(9.1 亿美元)的价格分别邀约收购在美国上市的展讯通信和锐迪科,通过这两笔"海外高科技优质资产回归"的收购,紫光集团一跃成为中国大陆芯片设计龙头。

可以看到,2005 年至今,中国企业并购活动尤其是海外并购活动进入爆发期,其原因除了中国企业实力增强和有利的国际大环境之外,中国政府在多层次资本市场体系和法律体系建设,以及融资制度安排等方面的长期努力也有重要影响。2006 年是中国资本市场的一个分水岭。2006 年,新《公司法》、《证券法》、新《上市公司收购管理办法》等一系列法规开始实施。2006 年 8 月,为规范外资对国内上市公司的并购行为，商务部颁布实施了《外国投资者对上市公司战略投资管理办法》和《关于外国投资者并购中国境内企业的规定》。2011 年 2 月 3 日，国务院办公厅发布《关于建立外国投资者并购境内企业安全审查制度的通知》，决定建立外国投资者并购境内企业安全审查部际联席会议制度，具体承担并购安全审查工作。2011 年 9 月 1 日，《商务部实施外国投资者并购境内企业安全审查制度的规定》开始实施。2013 年 11 月 29 日，由中国并购公会编著的《中国并购行业行为准则》在香港正式发布。这是中国及大中华地区首个并购行业行为规则，《准则》共六章、十四条，分别对核心原则、第三方服务机构、并购风险管理原则与争议解决做出了自律性约定。这些新政策和新法规的颁布和实施，必然对中国企业并购特别是上市公司并购市场产生重大深远的影响。

第四节　中国政府干预并购行为特征

一、所有者与管理者双重身份引致的职能界定不明

中国社会制度和国情决定了国资管理体制有自身的特点，政府既是社会事务的管理者，同时也是国有资产的最终所有者，财产所有权和行政管理权集于一身赋予了政府干预企业并购的权力来源。在我国，无论是中央政府还是各级地方政府，都拥有其所辖范围内国企的产权，从而拥有国有资产的占有权、处置权和收益权。正是这种所有者主体地位，决定了政府干预国有企业的资产并购、重组有其内在的合理性和自然的倾向性。同时，我国的资本市场建设滞后，存在着市场信息不对称和市场制度功能缺位的现象。正因如此，扮演着社会公共产品供给者角色的政府更加认为自己很有必要参与到企业的产权结构调整活动中，以更好地维护公正性。此外，由于政府毕竟是一个将"触角"深入社会各个角落，全面管控着国计民生的行政机构和社会管理者。行为惯性使其在以所有者身份介入和干预事关企业产权结构调整和战略转换的并购重组活动时，总会带有行政管理者作风。管理者职能和所有者职能自觉与不自觉地相互渗透、混同，两者之间的界限难以清晰界定。所以，我国政府在干预企业并购时是以所有者和管理者的双重

身份参与的，这也导致了干预并购目标的多元化。

二、市场化行为与行政化行为并存和并用

政府的正确履行职责是有利于降低经济运行成本的。企业并购尤其是跨行政边界的企业并购过程中，利益关联者众多，谈判容易陷入僵局，此时政府可以凭借其纵向行政权力，打破制度壁垒，协调各方利益，从而极大降低交易成本。政府站在一个资产所有者的立场，与所有其他拥有财产者的行为标准并没有什么不同，一定是追求经营效率和财产收益的最大化，这是市场化行为的本质所决定的。但是，由于政府在作为资产所有者的同时又承担着社会管理者的身份。而社会管理者履行管理社会的职能时，则不能完全按照市场原则，更多施行行政行为。行政行为的目标更加复杂和多元化，需要平衡各方利益。因此这种行政行为的衡量标准自然也与市场化行为有所不同，需要统筹兼顾，从政治、经济、社会或三者兼顾的角度去评判。因为政府身兼两种角色，其行为方式必然在行政化和市场化之间变换，或兼而有之。正因如此，政府在干预企业并购活动的过程中很容易将行政行为和市场行为相混同，而且通常来说政府往往更易于采用行政手段。行政手段具有强制性，确实可以有效降低并购过程中由于信息不充分、扯皮式谈判等带来的不确定性和沟通、协调成本，也能提高并购活动中各参与方所作承诺的可信度，起到政府"隐含契约"的功能。可见，政府以双重身份介入或主导企业并购时，行政化和市场化行为的并行使用可能是难以避免的。

政府从国资所有者角度行使所有者权力，干预有国资背景企业的并购，与市场经济的本质精神并不违背。但若政府采用行政化行为时就须另当别论了。对于通常的市场经济行为主体来说，行使所有者权力时，只可能采用市场化手段，因其不具备公共属性。政府则不同，其自身的行政属性使其在从事市场活动时，无论自觉与否，行为都会沾上行政色彩。从我国的并购实践来看，以国资所有者身份参与的政府却更多以社会管理者的身份，通过行政手段来实现资源的重新配置。在我国公司并购中利用行政性手段进行资源配置典型方式有：政府主导的国有股、法人股的协议转让甚至无偿划拨；非等价的资产置换等。在中国资本市场仍不够成熟完善，市场制度功能缺位的情况下，此类行政化行为运用于公司并购，虽有一定现实性和必要性，但很难掌握尺度，目标和行为本身都容易异化，导致违反市场经济的利益最大化原则，难以真正提升效率。其关键和难点在于通

过法律保障使政府行为市场化。

三、中央政府与地方政府并购行为目标有差异

我国国有资产是由中央政府或各级地方政府代为持有并行使所有者职权的。作为国家政权行使权力的执行机构，从本质上分析，中央政府和各级地方政府应该具有共同的根本利益，一荣俱荣，一损俱损。但从现实的利益分配上看，各级政府尤其是中央政府和地方政府还是拥有各自利益划分的，利益诉求的差异也直接导致中央政府和地方政府干预企业并购时的行为目标并不一致。中央政府负责管控全国的经济运行和政策导向，其行为牵一发而动全身，相比地方政府，必须站得更高，看得更远，考虑得更全面，因此介入企业并购活动时，一般是着眼全局，从国家产业结构升级、战略安全和提高核心竞争力的高度，希望通过资本运作，利用并购的市场化手段，在关系到国家经济命脉的关键行业和关键领域打造一批符合国家产业政策导向、具备国际竞争力的跨地区、跨行业、跨部门的大型企业集团。所以其干预对象一般也是央企或大型、特大型地方国企。

地方政府干预并购出发点则更多是本地利益，并且在具体行为上表现出了两面性，之前已有学者对这种现象做了专门研究，并称之为"并购悖论"。即"一方面政府鼓励本地企业并购外地企业，地方政府受利益的驱动成为企业扩张的热心支持者和'赞助者'（地方政府对于企业并购常常有一系列的优惠措施，其中包括税收上的优惠，银行贷款上的优惠，债务偿还上的延期或免除等），地方政府还直接上阵，组建企业集团，甚至把分散在各地方主管部门和产业领域的企业组成联合体；另一方面却对外地企业对本地企业的并购持反对态度，将外地企业对本地企业的并购视为企业吞并本地产业的一种威胁。"[1] 地方政府的这种态度也是有其现实意义的。在分税制改革之后，企业增值税作为中央与地方共享税，75%归中央政府，25%归地方政府，而企业所得税则完全由地方政府征收。这样跨行政区域和财政层级的并购必然会导致各级政府的财政收入等利益的重新分配。对于被并购方的地方政府来说，本地资源的流失将直接影响当地的财政收入，因此对相关并购反对或阻挠就不足为奇了。在"诸侯割据"经济下，企业并购目标已被扭曲。

---

[1] 王一，《企业并购》，上海财经大学出版社 2001 年版。

由此可见，正是现行政府职能、国资管理体制、财税制度等原因导致中央政府和地方政府并购行为目标上的差异，这种差异的存在将是长期性的。

四、制度内因衍生政府干预中的"寻租"问题

在中国体制环境下，对于一宗涉及国企的并购交易，尤其是被并购方为国有企业时会发现，掌握交易成败决定性话语权的往往不是交易双方主体，而是该国企的上级政府官员。官员代表政府机构对国企行使所有者权力和控制权力，但剩余索取权与其无关。并购交易成功所带来的企业效率优化和总体效益的提高并不能给予官员们新的收益，反而会由于企业所有权和控制权的转移而丧失相应的收益权。所以官员们不仅没有批准国企股权转让的动力，反倒有强烈的阻挠动机。除非他们能够借此"寻租"，获得贿赂，并且该贿赂金额高于预期得到对国企未来控制权收益的限制之和。由于体制原因，相关政府官员有很大机会从并购交易中获取控制权收益，或通过"寻租"获取贿赂，因而使得低效率并购和腐败问题频发，影响资源的优化配置，提高了交易成本。

第五节　中国政府干预并购的行为绩效

一、与政府干预行为相关的两种并购"概念"

(一) 国有企业"准并购"

根据我国国有企业并购特点，尤其是企业并购中存在着非企业主体行为（政府介入）以及"交易"中的无偿性特征，有学者将国有企业并购称为"准并购"[①]。"准并购"的含义正是着重于两点：并购中的政府全面介入和并购中的无偿性两大特征。而上述两大特征又可归纳为一个出发点——政府行为。这种政府干预缺点很多：政企不分，造成并购的行政垄断；违反市场原则，造成资源错配；形成地方保护主义倾向。在行政权力的强化约束下，产权流动困难，流动渠

---

① 刘文通：《国有企业准兼并假说》，《经济研究》，1995 年第 8 期。

道不畅，提高了产权交易的交易成本。国有企业"准并购"行为，反映在目前国有企业"国家统一所有、政府分级监管"原则下，中央政府、地方政府和国有企业之间的利益矛盾和利益冲突，以及在这种矛盾和冲突中各行为主体之间的博弈行为。

（二）政府行为的"诺斯悖论"

1."诺斯悖论"

"所谓诺斯悖论，指的是在向市场经济过渡中，作为权力中心的政府在组织和实施制度创新时，不仅具有降低交易费用实现社会总产出最大化的动机，而且总是力图取得最大化的垄断租金，这样，在最大化统治者及其集团垄断租金的所有权结构与降低交易费用，促进经济增长的有效率体制之间就存在着持久的冲突，从而当权力中心面临竞争约束和交易费用约束时，会容忍低效率产权结构的长期存在。具体到企业并购中的政府行为来说，政府，尤其是地方政府，出于自身利益考虑，会支持或利用行政权力亲自参与推动一些无效率的企业并购行为，或者阻碍有效率的企业并购的进行。"[①]

2.我国并购中政府行为的"诺斯悖论"具体形式

（1）拉郎配。由政府部门穿针引线，劝导、组织、推动优势企业并购劣势企业，因而违反了由企业自主决策实施并购的市场经济原则。

（2）拼盘现象。政府大力撮合本地企业"强强联合"，组建本地区的大企业集团，由于忽略了不同企业间战略、组织结构等方面的融合性，且往往并非企业本意，容易出现"上联下不联"、"形联心不联"的拼盘现象，加大整合难度，增加企业成本，甚至导致并购失败。

（3）企业割据。出于地方利益保护的动机，政府有意阻挠跨行政区域的并购活动，尤其是被并购企业是本地盈利企业更是如此，形成"企业割据"，阻碍社会资源的自由流动和合理配置，不利于总体经济效率提高。

（4）寻租行为。当政府掌握了决定企业并购成功的最终决策权时，寻租行为的发生几乎很难避免。寻租会导致社会资源浪费和社会福利损失，也会影响资源优化配置。长期获得寻租优势的企业还可能形成垄断。

---

① 陶莉、田银华：《论我国企业并购中政府行为的诺斯悖论》，《湖南工程学院学报（社会科学版）》，2003年3月25日。

（5）"软性"约束条件。政府可能在一起并购中，通过严格规定被并购企业职工安置、补偿费发放等问题，设置"软性"约束条件，抬高企业并购成本。

（6）无偿划拨。政府在推动涉及国有企业的并购中常会采用无偿划拨国有企业股权或资产方式，在我国并购发展的早期阶段尤为普遍。无偿划拨取消了价格对资源的调节作用，以行政手段代替了市场机制，不利于资源优化配置。

二、并购中政府行为绩效具体分析

因为我国在健全资本市场体系、中介机构成熟发展等并购市场制度性建设上相对滞后，法律体系和社保体系建设也存在缺陷，因此现阶段政府对公司并购活动的干预，在一定程度上，由于政府所具有的获取及处理信息快捷便利、行政协调能力出色、保障能力强等优势，客观上起到部分的替代市场作用，降低了交易成本，从而使得实际的并购交易运作更为顺畅，后顾之忧更小，交易成功率也更有保证。可是，是否能够就此证明政府行政介入企业的并购活动就更有绩效呢？显然不能做出如此草率的推论。回答这个问题，还需要从政府干预并购是否真正有利于市场资源优化配置的方面进行分析阐释。我们在前面刚刚提到，政府的行为存在一个称为"诺斯悖论"的现象。即政府不仅具有通过降低交易费用实现行政边界内社会总产出最大化动机，而且总是力图获得最大化的垄断租金。在最大化垄断租金的所有权结构与有效率的体制之间，存在着持久性的目标冲突。面临这种冲突时，政府可能会选择容忍低效所有权结构的长期存在。由此可见，政府的行为目标和动机是复杂和多元化的。在 1994 年分税制等财税体制改革之后，地方政府的财政收入水平就已经与其所辖地区的经济发展水平、社会经济生产总值的高低息息相关。同时，中央与地方事权的划分，以及事权和财权相结合的原则，使得地方政府对于其所辖行政区域内的经济事务、资源配置等具有决定性话语权，能够利用手中的行政权力推动本地区经济增长的最大化，进而实现自身的经济利益目标。此时，地方政府获取最大化垄断租金的目标与本地区经济增长、社会总产出最大化的目标是相一致的，本地区经济发展越好越快，政府财政收入就越高，垄断租金就能最大化。而本地区经济增长的快慢、好坏与该地区企业的效益、规模、竞争力等关系最为密切。若本地企业通过并购，规模得以迅速扩张，综合实力快速增强，经济效益明显改善的话，自然就会带动本地区经济发展水平，增加税收，实现垄断租金最大化。因此，地方政府对于本辖区内企业的对外并购扩张通常都是鼎力支持，积极介入，利用自身拥有的各方面优势全力为本地企业服务，尽可能降低企业并购交易成本，促使并购顺利达成。此时政府部分替代市场的行政干预行为，在追求政府垄断租金最大化的同时，实现了资源的优化配置。

不过，如果外地企业试图并购本辖区企业时，对政府行为动机的分析就要视不同情况而言了。由于企业的亏损和盈利是影响政府最大化垄断租金的重要因素，我们就从这个角度来分别分析政府面对这两类企业被并购时的不同行为选择。

第一，外地企业并购本地亏损企业情况。由于企业亏损就必然引发裁员，造成大规模失业。失业是社会稳定的最大威胁，这个问题解决不好，政府最大化垄断租金的目标也无从谈起。相对于逐步建立完善的社保体系来减轻失业的社会压力，鼓励外地企业并购本地亏损企业，成本低见效快，显然是解决失业问题更有诱惑力的选项。政府若扶持本地亏损企业扭亏解困，不仅需投入资源，过程也很长，结果还不确定。而外地优势企业并购，不仅可以将本应由政府负担的成本转移给并购企业，还维持了社会稳定，可谓一举两得，实现了政府垄断租金最大化目标。因此对于本地亏损企业的被并购，地方政府也是积极支持并高效服务的。

第二，外地并购本地盈利企业情况。如果纯粹从市场资源优化配置的方面考虑，辖区外经营绩效更好、管理水平更高的优势企业并购本辖区盈利企业，市场资源从边际产出低的地方流向边际产出高的地方，实现了资源配置的帕累托优化。但现实中地方政府并不会如此考虑。若本地盈利企业被外地企业所并购，地方政府不仅将该企业控制权拱手相让，还会马上损失企业税收从而影响财政收入，这无疑与政府最大化垄断租金的目标不符，因此尽管会导致低效，地方政府还是会阻碍并购的发生。

因为收购盈利企业难度太大，收购严重亏损、无可救药的企业得不偿失，所以并购企业只能并购一些经营亏损，但资产质量较好的企业。这样，政府与并购企业的博弈才能获得某种均衡解。这也恰恰反映了我国并购市场资源难以实现真正有效配置的现状。由于政府行为存在"诺斯悖论"，政府为实现垄断租金最大化目标，具备"拉郎配"，推动无效率并购，以及阻碍有效率并购的强烈动机。

第六节　小结

本章系统梳理了为政府干预并购政策提供理论支持的经济学理论，对产业组织理论中的哈佛学派、芝加哥学派以及可竞争市场理论的分析框架、观点主张和政策影响进行了系统回顾。又从国有企业产权制度、治理结构和并购市场机制功能缺位三个角度分析了在中国之所以政府频繁干预并购活动的制度背景。结合我国改革开放后企业并购发展历史沿革，总结我国政府在不同历史时期，对并购所采取的多样化的行政干预方式，理清我国政府对待并购活动的政策思路和施政脉络。结合国情及实践，提炼出了我国政府干预并购行为的四大特征：所有者与管理者职能混同、市场化和行政化行为并存、中央和地方政府行为目标差异、制度衍生"寻租"，在勾勒我国政府干预行为特点的同时，也点出中国式政府干预的诸多弊端。

本章从国有企业"准并购"和政府行为"诺斯悖论"两大现象入手，对并购中政府干预行为的绩效做了详细的理论分析。指出政府介入导致的"准并购"实际违反了经济规律，人为规定生产要素流向，不利于资源优化配置，并易导致产权交易的行政垄断，提高交易成本。而由于"诺斯悖论"的存在，地方政府会推动无效率并购。而且政府有很强的进行"拉郎配"的动机。

通过分析，政府并购的行政干预越多，越不利于资源优化配置，越违背市场经济规律，弊大于利。政府干预应该是适度的，应侧重完善市场体系和法律法规，减少直接行政干预。

第七章　政府干预对公司并购绩效影响的实证分析

第一节　研究内容、研究假设、数据来源与样本选取

一、研究内容

本章以我国沪、深两市部分并购事件为研究样本，借助计量经济模型对政府干预并购的绩效进行定量分析，并得出实证分析的经验性结果，力图为本文提供更有说服力的佐证，并为下一章我国公司并购中政府的职能定位分析做铺垫。

公司并购中的政府干预行为应该如何界定是首先需要解决的问题。经过对样本的研究，发现一些并购事件涉及"行政划转"的形式。所谓"行政划转"就是动用行政权力将企业（一般为国有企业）的部分或全部股权或资产无偿划转给另一企业。这种形式在政府干预较少的西方成熟资本市场中非常罕见，因为除非资不抵债，谁会将企业股权和资产白白送人呢？而在中国，甚至不少效益不错的企业也被"行政划转"。可以想象，政府干预在这类并购事件中产生了极为重要的影响。所以，本章将此类并购视为"地方政府干预的并购"，除此之外则为"非地方政府干预的并购"，并对比两者在绩效上的差异。尽管这些"非地方政府干预的并购"样本也或多或少会受到一些政府干预的影响，但相比"行政划转"并购事件而言，仍有本质的区别。而且，这种方法似乎也是目前条件下可利

用的，用于区分并购中是否存在政府干预的较为理想的方法。

二、研究假设

根据对企业并购中政府干预绩效理论分析可知，地方政府追求地方利益最大化的目标与整个社会资源配置效率最大化目标依然存在冲突，并购中的政府行为实际上是现有制度安排和经济环境约束下的次优选择。尤其是涉及行政划转的国有企业"准并购"更是违反了市场经济规律，不利于资源优化配置。同时，一些国内学者的实证研究结果也表明政府干预的不利影响。如夏立军和方轶强（2005）首次将上市公司细分为非政府控制、县级政府控制、市级政府控制、省级政府控制以及中央政府控制这五种类型，以 2001～2003 年的上市公司为样本，对政府控制与公司价值的关系进行了实证分析。研究发现，政府控制尤其是县级和市级政府控制对公司价值产生了负面影响。

潘红波、夏新平和余明桂（2008）以 2001～2005 年发生的地方国有上市公司收购非上市公司的事件为样本，研究地方政府干预、政治关联对地方国有企业并购绩效的影响。研究发现地方政府干预对盈利样本公司的并购绩效有负面影响。

据此，本章提出如下假设：地方政府干预的企业并购绩效差于非地方政府干预的企业并购绩效。

三、数据来源与样本选取

本书选取 2007～2009 年发生于沪、深两市的并购事件作为研究样本，将其区分为地方政府干预的企业并购和非地方政府干预的企业并购两个对比组；其中地方政府干预的企业并购样本数为 39 起，非地方政府干预的企业并购样本数为 1207 起。所有数据都来源于国泰安数据库（CSMAR），其中企业的并购信息来源于市场并购库，财务数据来源于企业财务数据库，根据证券代码将二者合并即可得到所有数据。

本章样本选取原则如下：

（1）符合本文所阐释的企业并购行为内涵。虽然我国并购中政府干预的表现形式很多，但考虑到许多形式不便量化和区别程度，故而仅选择国有企业行政划转的样本来代表存在地方政府干预的企业并购行为。

（2）并购前一年、并购当年、并购后一年财务数据完整，且财务数据能通过不同来源验证。

（3）一个企业如果多次收购其他企业，则选取交易金额最大的一次作为研究对象，如果几次交易的金额相同，则选取先收购的为研究对象。

（4）去掉没有交易日期的事件。

（5）对于政府干预的企业，我们选择特殊类型中的行政划转企业代表政府干预企业，行政划转包括了股权转让与资产转让，交易成功的共有 130 起事件，但删除没有交易日期的事件和没有收购主体企业名称的企业，剩下 48 次并购事件。同时，有一些国有企业同时并购了不同的企业，这样，我们只取一次事件作为研究样本。最后剩下了 39 起并购事件。

经过层层筛选，最终剩下 1246 次并购事件。企业参与并购的比例如表 7 - 1 所示：

表 7 - 1　政府参与并购比例

special	Freq.（次）	Percent	Cum.（%）
0	1207	96.87	96.87
1	39	3.13	100.00
Total	1246	100.00	

其中，同行业并购的有 393 起事件，其余的有 504 起事件是不同行业并购，还有 6 起事件的卖方企业信息缺失。

表 7 - 2　买方与卖方同行业并购比例

x	Freq.（次）	Percent	Cum.（%）
0	504	56.19	56.19
1	393	43.81	100.00
Total	897	100.00	

表 7 - 3　各行业企业并购中政府参与比例

行业名称（次）	非政府参与（次）	政府参与（次）	Total（次）
房地产	42	0	42
工业	370	15	385
公用事业	54	0	54
金融	3	0	3
商业	55	0	55
综合	78	6	84
Total	602	21	623

从表 7 - 3 可以看出，在工业行业中，政府参与并购的次数最多，其次，在综合行业中，政府参与并购较多，另外有 18 起并购事件的所在的行业信息缺失。

表 7 - 4　主要变量描述统计

	变量	文中命名	均值	标准差	最小值	最大值
并购前一年	资产周转率	X1	0.663	0.472	0.008	4.103
	营业利润率	X2	0.036	0.332	-2.277	1.578
	净资产收益率	X3	-0.387	4.324	-57.636	0.264
	长期资本收益率	X4	0.074	0.185	-1.103	0.865
	托宾 Q	X5	1.217	0.376	0.688	3.300
	每股收益	X6	0.334	1.427	-7.925	2.943
	总资产增长率	X7	0.148	0.366	-0.644	3.088
	流动比率	X8	1.680	4.167	0.005	55.740
	现金比率	X9	0.706	2.903	0.7	38.466
	营运资金比率	X10	-1.269	12.634	-167.66	0.982
	资产负债率	X11	0.817	3.865	0.0683	55.190
	长期负债比率	X12	0.156	0.189	0.3	0.947

续表

	变量	文中命名	均值	标准差	最小值	最大值
并购当年	资产周转率	X1	0.715	0.562	0.001	5.428
	营业利润率	X2	-0.275	4.023	-56.529	0.901
	净资产收益率	X3	0.129	0.980	-2.929	13.480
	长期资本收益率	X4	0.070	2.671	-32.313	20.061
	托宾Q	X5	2.172	1.310	0.733	10.244
	每股收益	X6	0.569	1.341	-8.002	3.882
	总资产增长率	X7	0.190	0.313	-0.352	1.802
	流动比率	X8	1.371	1.175	0.006	10.406
	现金比率	X9	0.494	0.943	0.000	8.660
	营运资金比率	X10	-0.843	10.635	-152.942	0.904
	资产负债率	X11	0.821	4.222	0.074	61.335
	长期负债比率	X12	0.162	0.181	0.000	0.785
并购后一年	资产周转率	X1	0.752	0.585	0.066	5.837
	营业利润率	X2	-0.087	1.325	-18.953	0.643
	净资产收益率	X3	-0.009	0.566	-7.483	1.159
	长期资本收益率	X4	0.076	0.229	-2.258	0.483
	托宾Q	X5	1.352	0.989	0.710	12.553
	每股收益	X6	0.555	1.505	-8.297	4.825
	总资产增长率	X7	0.092	0.399	-0.573	4.451
	流动比率	X8	1.415	1.424	0.004	10.347
	现金比率	X9	0.484	1.000	-0.003	9.237
	营运资金比率	X10	-1.443	18.291	-267.230	0.903
	资产负债率	X11	0.995	6.598	0.063	96.959
	长期负债比率	X12	0.149	0.185	0.000	0.845

第二节 双重差分法模型分析

本书通过标准的面板数据模型来衡量政府参与对并购的影响 (Ashenfelter and Card 1985；Heckman and Holts 1989)，其中，政府参与并购的企业作为处理组，政府不参与的企业作为对照组，在控制了其他潜在的影响企业绩效的变量后，企业年度表现 (利润，营运能力等) 的增长衡量政府参与并购的影响。

本书采用 difference in difference (DID) 方法进行回归。

根据研究目的，要能够揭示政府参与并购对企业绩效的影响，可以采用最为简单的均值比较方法，即比较并购前后，企业绩效的均值是否出现显著差异，如果差异显著，我们可以认为政府参与并购与非政府参与并购是有差异的。但是这种均值分析方法所需要的条件极为苛刻，即在并购前后其他条件保持不变，显然没有一项并购满足这一条件。即使不考虑其他因素，企业绩效在并购前后发生的显著差异可能是由于时间趋势因素造成的。所以准确揭示政府参与并购的影响，我们需要找到两类样本，这两类样本在其他方面的经济绩效相似，唯一的差异是政府是否参与并购，只有做到这一点，我们才有可能将这两类样本在并购前后所发生的差异利用双重差分法进行对比分析。

DID 方法估计因果效应的原理如下：

$$Y_{it} = \alpha + \gamma T + \lambda d_t + \beta(Td_t) + \varepsilon_{it} \tag{1}$$

其中，T 表示是否有政府参与，$T=1$ 表示有政府参与，$T=0$ 表示没有政府参与。

d_t 表示并购事件的前后，$d_t=1$ 表示并购后，$d_t=0$ 表示并购前。

二者的交叉项就是政府参与并购对企业绩效影响的干预效应。

这一方法的假设是处理组与对照组潜在结果的增长趋势是一致的，因此处理组并购前后的差异与对照组并购前后的差异是由政府参与造成的。

下面是部分回归结果，其余结果如表 7-5 所示：

表 7 - 5　回归结果

	资产增长率	托宾 Q	净资产收益率
Constant	0. 178 ***	1. 686 ***	- 0. 003
	(0. 018)	(0. 054)	(0. 128)
T	- 0. 251 ***	0. 389	- 3. 412 ***
	(0. 097)	(0. 282)	(0. 678)
d_t	- 0. 089 ***	- 0. 387 ***	- 0. 012
	(0. 031)	(0. 922)	(0. 216)
Td_t	- 0. 353 ***	- 1. 123 ***	- 3. 611 ***
	(0. 169)	(0. 488)	(1. 175)
R square	0. 016	0. 046	0. 036

$$E(Y_{i,t-1}^{c}) = \alpha \qquad\qquad (2)$$

$$E(Y_{i,t}^{c}) = \alpha + \lambda \qquad\qquad (3)$$

$$E(Y_{i,t-1}^{T}) = \alpha + \gamma \qquad\qquad (4)$$

$$E(Y_{i,t}^{T}) = \alpha + \gamma + \lambda + \beta \qquad\qquad (5)$$

$$\text{Treatment effect} = [E(Y_{i,t}^{T}) - E(Y_{i,t-1}^{T})] - [E(Y_{i,t}^{c}) - E(Y_{i,t-1}^{c})] = \beta \qquad (6)$$

本书重点检验在企业并购事件中，政府参与并购对企业绩效影响。所以关心的系数是 Td_t 前面的 β，从表 7 - 5 中可以发现，无论是从资产增长率，企业价值，还是净资产收益率上来看，双重差分估计量 β 的值都为负，即代表处理组的干预效应为负，也就是说政府参与并购后的企业绩效的增长都低于非政府参与的。

其中，在资产增长率上，政府参与并购会导致企业绩效降低 0. 353 个百分点，在托宾 Q 上，政府参与并购会导致企业绩效降低 1. 123 个百分点，在净资产收益率上，政府参与并购会导致企业绩效降低 3. 611 个百分点。

首先从资产增长率看，因为政府参与并购很可能会将一部分资产分给利益相关者，这一做法会导致企业内部的资产增长率下降。托宾 Q 是企业价值的衡量，托宾 Q 越大，表明企业的潜在收益越大，政府参与的企业托宾 Q 的增加值低于非政府参与的，说明，非政府参与的企业的潜在价值更大，从长远看，非政府参与并购的企业更具有市场竞争力。从净资产收益率上来看，政府参与的企业比非政府参与的企业的净资产收益率低 3.611 个百分点。这说明政府参与并购的企业的盈利能力低于非政府并购的企业。其他财务指标的回归结果均不显著，所以不做具体说明。

<h2 style="text-align:center">第三节　实证结论分析</h2>

本章选取 2007～2009 年发生于沪、深两市的 1246 起并购事件作为研究样本，利用 DID 分析法，选择资产周转率、营业利润率等 12 个变量分别进行回归。实证研究发现，资产增长率、净资产收益率、托宾 Q 指标三个指标的回归结果是显著的。实证检验结论表明：地方政府干预的企业并购绩效在资产增长率、净资产收益率、托宾 Q 表现上低于非政府参与并购的企业，表明在现有经济条件下，地方政府干预的企业并购在并购后的企业资产价值提升、经营效益和盈利能力改善、企业市场价值三方面表现上都落后于非地方政府干预的企业，这三项指标很大程度上代表了企业的经营绩效，所以可以得出无论从长期还是短期来看，地方政府干预的企业并购绩效均差于非地方政府干预的企业并购绩效的结论。这充分验证了本章假设的正确性。

第八章　政府在公司并购中的
职能定位与政策建议

第一节　中国政府在并购中的职能
定位及存在问题

　　政府职能是"政府作为国家行政机关，依法在国家的政治、经济以及其他社会事务的管理中所应履行的职责及其所应起的作用。"[①] 实质反映了政府行政权力的具体实现，即政府到底应该管什么、管多少和怎样管。通常来说，"政府职能包括政治职能、经济职能和社会管理职能三大类。政治职能包括政治统治职能、保卫国家主权的职能、稳定职能和民主职能等；经济职能包括为市场经济提供制度基础的职能、资源配置职能、分配职能、调节职能等；社会管理职能表现为政府管理国家和社会生活的职能，包括维持社会秩序、确保公平分配、社会保障等。"[②] 显而易见，政府在并购管理中主要涉及经济职能和社会管理职能。

　　改革开放三十多年，我国经济市场化水平有了很大提高，但与西方发达国家相比，还有一定差距。尤其是多层次资本市场体系的建设，尽管取得了丰硕成果，但仍存在很大的提升空间。表现在股票、债券、基金等市场的制度建设仍问

[①②] 　金太军：《政府职能梳理与重构》，广东人民出版社 2002 年版。

题重重，各类金融中介组织的培育有待完善，真正市场经济意义上的投资银行体制不够健全，多层次产权交易体系如场外柜台交易的发育稍显稚嫩，等等，而一个充分发育成熟的资本市场，正是市场化并购机制形成的重要标志之一。同时，我国现行财税体制、国企管理体制、金融管理体制和社会保障体制中的不足和弊端，以及现有企业并购法律法规体系的不够完善，都为实现真正市场化的并购机制设置了障碍。因此，现阶段我国经济的市场化水平和拥有的体制环境都决定了政府适当干预企业尤其是国有企业的并购活动是必然的而且是必要的。应该看到，在我国并购活动中，政府职能作用的影响既有正面的，也有负面的。目前，我国政府在公司并购中发挥正面效应的职能定位主要包括以下几个方面：

一、政府以促进产业集中，优化产业结构为出发点，制定产业引导政策，给予企业并购正确导向

生产的集中是社会化大生产发展的典型表现之一，也是促进生产力发展的重要手段。企业并购恰恰是实现生产集中的重要途径。每一次并购浪潮，都伴随着一次产业集中的大趋势和产业结构的优化升级。因此，政府制定有针对性的产业政策正确引导并购活动的开展，有利于国家产业组织结构优化和产业集中度提高。

长期以来，我国产业集中度水平都较低，"大而全、小而散"的产业分布格局在多行业普遍存在。如钢铁行业，2004 年前四大企业产业集中度韩国为88.3%，日本为73.2%，美国为61.1%，而中国为 15.7%（叶琪，《对实现我国钢铁行业规模经济的思考》，2006 年，《南方金属》）。2008 年，我国前十大钢铁企业产业集中度也仅为42.5%（中国钢铁工业协会2009 年2 月23 日发布数据）。而产业集中度和结构调整不能完全靠市场自发，还需要政府的有效干预和引导。

我国政府发挥宏观调控职能，制定指导并购的产业政策和计划，给予有倾向性的政策扶持。2008 年8 月28 日，国务院发布的《关于促进企业兼并重组的意见》提出"以汽车、钢铁、水泥、机械制造、电解铝、稀土等行业为重点，推动优势企业实施强强联合、跨地区兼并重组、境外并购和投资合作，提高产业集中度，促进规模化、集约化经营，加快发展具有自主知识产权和知名品牌的骨干企业，培养一批具有国际竞争力的大型企业集团，推动产业结构优化升级。"
2013 年 1 月发布的《关于加快推进重点行业企业兼并重组的指导意见》还明确
提出了到 2015 年，汽车、钢铁等九大产业领域的产业集中度指标。2014 年 3 月
24 日发布的《国务院关于进一步优化企业兼并重组市场环境的意见》提出，"推
动优势企业强强联合、实施战略性重组，带动中小企业'专精特新'发展，形
成优强企业主导、大中小企业协调发展的产业格局。"由此可见，中国政府始终
重视并购在优化产业结构上的重要作用，坚持履行政府在政策导向上的职能，方
向明确，重点突出，假以时日，将收效显著。

二、政府履行立法职能，制定完善法律法规，规范并购活动

并购活动是一把"双刃剑"，一方面，它能迅速壮大企业规模和提高企业竞
争力，推动经济发展；另一方面，无约束的并购又容易导致垄断，破坏市场有效
竞争。良好的法律环境是并购活动健康运行的重要保证。而塑造法制环境，制定
游戏规则，正是政府的职能所在。西方发达国家的并购活动之所以能够蓬勃发
展，有力促进企业和社会经济发展，严谨的并购法律体系所起的规范作用功不可
没。以美国为例，美国是立法治国国家，拥有相当完善的法律体系，对并购主要
通过反垄断法进行规制，同时美国联邦贸易委员会和司法部还共同制定了企业并
购准则，并与时俱进不断更新。规范的法制为美国企业并购的良性发展提供了丰
沃土壤。

我国经过长期努力，随经济形势的发展制定颁布一系列与并购活动相关的法
律法规，使我国并购法制环境得到极大改善。到目前为止，已形成了由《公司
法》、《证券法》、《反垄断法》、《合同法》、《劳动法》、《劳动合同法》等法律组
成的规范并购行为的基本法律体系，以及与基本法律实施相配套的系列行政法
规、地方和部门规章。主要包括：1989 年 2 月 19 日，国家体改委、计委、财政
部、国资局共同发布的《关于企业兼并的暂行办法》和《关于出售国有小型企
业产权的暂行办法》；1992 年 7 月 23 日，国务院颁布的《全民所有制工业企业
转换经营机制条例》；1993 年颁布，并历经 1999 年、2004 年、2005 年、2013 年
四次修正的《公司法》；1993 年 4 月 22 日，国务院发布的《股票发行与交易管
理暂行条例》；1994 年 7 月 24 日国务院颁布的《国有企业财产监督管理条例》；
1994 年 11 月 3 日国家国资局、体改委颁布的《股份有限公司国有股权管理暂行

办法》；1995 年 1 月 1 日施行的《劳动法》；1998 年颁布，并历经 2004 年、2005 年两次修正的《证券法》；1999 年 10 月 1 日施行的《中华人民共和国合同法》；2002 年 9 月由证监会第一次发布，2006 年 7 月重新发布，并于 2011 年修改的《上市公司收购管理办法》；2003 年 12 月 31 日由国资委、财政部发布的《企业国有产权转让管理暂行办法》；2005 年 4 月 14 日国资委、财政部发布的《企业国有产权向管理层转让暂行规定》和 2005 年 8 月 25 日国资委发布的《企业国有资产评估管理暂行办法》；2006 年 4 月 26 日由证监会发布的《上市公司证券发行管理办法》；2007 年 8 月 30 日发布的《中华人民共和国反垄断法》；2008 年 1 月 1 日施行的《劳动合同法》等。其中，《公司法》、《证券法》、《合同法》规范并购的具体商业行为，合理保障各相关方利益；《劳动法》规范并购涉及的劳动关系；《反垄断法》防止垄断，维护市场合理竞争。这些法律、法规都在不同历史阶段为规范我国企业并购活动做出贡献，并成为我国并购法律体系的重要组成部分。

三、政府居间协调，实现市场替代部分功能，降低并购交易成本

成熟并购市场体系的重要标志之一是拥有发达的信息获取、甄别、处理和配置渠道，这些渠道是由各种专业、规范的中介机构组成的，包括会计师事务所、律师事务所、审计师事务所、资产评估机构以及投资银行等。中介机构以其拥有的人才、信息、专业优势，术业有专攻，为企业并购提供全方位的咨询、策划、评估、组织等服务，极大地降低了信息和市场协调成本，是并购市场繁荣的催化剂。成熟市场经济国家拥有强大的、发达的中介机构网络，政府的作用大大弱化了。

我国市场中介机构建设尚不够成熟，中介机构无论在专业能力、市场信用、影响力上都有待提高，不能为企业提供十分到位的服务，服务成本也偏高。在中国的现行体制下，政府拥有其他任何机构都无法比拟的强大信息优势和影响力。从某种意义上说，政府搜寻、获取、组织并处理信息，交易成本要小得多。现实中许多政府对国有企业并购的干预行为，实质也是将企业之间的内部交易转化为政府组织的内部协调，客观上也大幅度地降低了交易费用。在这里，政府实际上对体系和功能均不够完善的市场起到了某种程度的弥补和替代作用。长期以来，我国政府很聪明地意识到了这一点，在许多并购交易中充分利用自己的信息和协

调优势，为交易双方服务，积极引导和撮合，部分替代了中介机构的功能，有效降低了市场交易成本。

我国经济体制还存在严重的条块分割问题。一起跨地区、跨行业的并购交易往往导致利益格局的重大变动，肯定会遭到利益受损的各级政府机构或主管部门的反对和阻挠，这时仅靠企业或一般市场中介机构的游说，效果微弱。"解铃还须系铃人"，上级政府依靠其掌握的经济、行政管理权力，站在产业结构优化调整的战略高度来协调地区和部门之间的利益关系，甚至出台相应政策措施来解决利益分配难题，推动效果将事半功倍。实际运作中我们也可看到，在电信、矿产、能源、电力等领域的跨区域大型整合并购，尤其是涉及国有企业的，常常都是由中央政府或省级政府出面，甚至成立专门机构进行总协调，才得以顺利推行。可以想象，若没有上一级政府层面的强力支持和亲自斡旋，此类并购交易将难以成功达成。

四、履行保障职能，切实保障并购利益相关方尤其是弱势方利益

企业作为以盈利为目的的社会经济组织，有着众多的利益攸关方，如股东、员工、债权人等。企业的并购由于涉及企业的所有权、经营权抑或法人地位的重大调整，必然对各利益相关方的利益产生影响，利益的讨价还价往往是并购交易的矛盾爆发点。由于信息不对称和话语权缺失，企业职工在并购利益博弈中常处于弱势地位，职工的权益保障也是并购交易的难点之一。在西方发达国家，涵盖保险和救济制度的社会保障体系比较成熟，法律和工会力量也为职工权益保障提供有力支撑，这都为并购的市场化运作创造了良好条件。

与发达国家相比，我国社会保障体系建设在覆盖广度和保障力度上都有一定差距。尽管国家高度重视，但受财力和人口基数制约，体系完善是个较长的过程。在我国的企业并购中，职工的安置问题是最难处理的。为提高经营效益，企业并购重组后的减员增效往往不可避免，下岗人员生活保障问题若处理不当，不仅并购难以完成，甚至影响社会稳定。在中国现实社会条件下，单靠企业自身很难处理好这个问题，必须借助政府力量。长期以来，由于社会保障体系不到位，保障企业职工的权益也确实成为我国政府介入企业并购活动的重要理由。从实际效果来看，政府的公信力、承诺和监管，客观上也为并购的顺利推进提供强力背书，稳定了职工情绪，保障了职工基本权益。虽然总是依靠政府介入实现权益保

障并不是市场经济的成熟做法，但在现实的历史条件下，不能不说是行之有效的权宜之计吧。

通过分析了解到，在我国市场体系和机制还不够健全、完善的情况下，政府对并购的干预有一定的必然性和必要性，对并购活动的健康发展具有一定的正面效应。但这并不意味着政府的职能可以任意扩张。并购终究是一种企业的市场行为，应让市场成为决定性因素。我国由于长期受到计划经济体制的影响，政府这只"闲不住的手"容易情不自禁地"乱摸"，出现了大量越位、缺位的职能错位现象，客观上对并购活动合理运行和资源优化配置产生了不利影响。

（一）政府职能越位

首先是政府的所有者和管理者双重身份产生职能混淆，导致政企不分，使政府意志超越市场规律的政府行为越位现象。企业并购作为市场经济条件下的典型市场行为，其行为主体应该是企业本身，资源的流动和配置应由市场因素决定。政府的作用应该是辅助性的。作为整个社会宏观经济的管理者和调控者，行为重心应该放在市场和法律环境的改善、政策的制定、监管和服务体系的建立、战略的引导等，这些职能都是市场微观主体所无力履行的，应该是政府的职责所在，而不是频频强力干预市场微观行为。我国由于国有企业的成分在国民经济中占很大比重，而政府在国有企业中既是所有者又是管理者，这种身份的重叠和两种职能的混淆使得政府在干预企业并购活动的过程中很容易将行政行为和市场行为相混同，而且通常来说政府往往更易于采用行政手段，这就导致政企不分。政企不分容易导致政府通过行政干预将其意志凌驾于与企业意志之上，甚至违背市场规律，将政府意图强加企业，将企业并购变成"包办婚姻"。从我国并购发展实践来看，在很长的历史时期中，大部分并购尤其是涉及国企的都是由政府强势推进的。政府从快速出政绩的角度出发，很喜欢进行"拉郎配"，劝导优势企业去并购严重亏损的企业，片面强调"扶贫帮困"，却并未站在企业市场经营的立场，考虑这样的并购是否真正符合优势企业的战略布局和经营发展的需要，结果往往造成此类并购不仅未能挽救亏损企业，反而严重拖累甚至拖垮优势企业。在这里，政府的行为已超越了社会宏观经济管理者的职能范围，有严重越位之嫌。这种职能越位使我国市场并购活动蒙上过多的行政色彩，不符合市场经济的运行规律，形成了市场资源的低效配置。随着我国市场经济体制的日益成熟，这种政府职能越位现象有所好转，但仍然是我国并购市场发展的一大痼疾。

其次，政府职能越位体现在非市场失灵的竞争性领域的过度监管上，具体表现为各类行政审批过多、过滥以及由此衍生的设租、寻租行为。据统计，2010～2012年我国1539家受调查企业每家每年平均向政府申报审批项目17.67个，单个项目涉及的审批部门平均为5.67个、审批程序平均为9.4道，受调查企业审批时间最长项目的平均值为171.35天，其中最长约为1500天。（人民网，《人民日报：行政审批何其多！》，2013年6月17日）例如，我国的境外并购审批，企业普遍反映审批环节太多。一般需经地方相关部门、国家发改委、商务部、外汇局和证监会等审批。涉及金融、能源、传媒等行业以及国有企业，还需相关主管部门核准。各环节多为串行审批，耗时过长。审批环节越多，意味着掌握审批大权的主管官员有了更多权力寻租的机会，成为许多实权部门腐败案件屡禁不止的重要诱因。过度监管和寻租腐败严重降低了市场效率，破坏了公平竞争的市场环境，这也是现任政府大力推行简政放权的审批制度改革的重要动机。

最后，政府职能越位体现在并购的行政性地区垄断上。本书前面章节也曾阐述过，我国条块分割的经济体制格局，产生了"地区封闭"和"诸侯经济"的现象，导致地方政府对待并购活动表现出似乎自相矛盾的两种态度，也被称为"并购悖论"，即一方面积极鼓励本地企业并购外地企业，另一方面却极力排斥和阻挠外地企业并购本地企业。地方政府这种从地方保护主义动机出发，利用行政权力人为分割市场，阻碍资源的跨地区优化组合的行为，显然是职能越位的表现。政府不仅未能成为并购市场发展壮大的"助推器"，反而成为了"搅局者"。

（二）政府职能缺位

职能越位的同时，政府却在一些本该有所作为的领域未能很好尽到职责，存在职能缺位现象，主要体现在：

1. 并购立法存在较多缺陷

自1984年河北保定市完成改革开放后第一起并购交易以来，我国公司并购立法上取得了很大进步，基本建立了一套并购法律体系，但与成熟市场经济国家相比，仍存在诸多缺陷，还不能完全适应并购市场实践的需要。主要体现在：其一，并购法律规范体系不够系统和统一。大部分法规层级较低，且法律规范之间缺乏统一性，甚至互相抵触。其二，并购法律规范内容缺乏可操作性，实践指导意义不强，一些过时的内容未及时废除。其三，实践中，并购法律规范仍存不少漏洞和法律空白。其四，未设立专门的并购监管部门，出现多头管理，并购审批部门过多，企业无所适从。

2. 并购执法仍有不少问题

我国一宗并购交易行政执法可能涉及众多部门，如证监会、商务部、工商局等。在并购的行政执法上仍存在不少问题，主要表现在：其一，行政执法随意性较大。由于一些法规实施细则规定的不严谨，使得执法上随意性过大，企业难以控制时间成本。如强制性部分要约收购，按规定，企业在收购前要向证监会报送书面报告，若 15 日内无异议则可实行收购。但实践中证监会可要求企业不断提交补充材料，致使期限不断延长，时间成本无法确定。其二，全国范围内行政执法不够统一。例如，各地工商局对于公司股权变更应提交的材料有不同的要求，湖北、江苏等地与国家工商总局要求一致，北京、上海等地却另有规定，执法标准不一，实践中可能增加并购的难度和成本。其三，对不正当执法和行政不作为的监管和处罚力度不够。监督和惩戒力度不足导致执法人员有意不作为或不当执法成本低，进一步增加了执法的随意性和寻租的可能性。

3. 社会保障体系有待完善

在我国计划经济时期，长期实行的"企业办社会"的体制，给我国的企业改革留下了沉重的历史包袱，也严重阻滞了市场经济条件下现代社会保障体系的建设进程。涵盖了医疗、养老、失业保险制度和社会救济制度的社会保障体系是现代社会的"减震器"，是国家和社会福利的最重要组成部分之一，健全和完善社保体系是政府的重要职责。尽管我国社会保障体系建设已有长足进步，我国的《劳动法》、《劳动合同法》和《社会保险法》都明确规定企业应为员工缴纳"三金"、"五险一金"，企业年金制度也于 2004 年起正式推广施行。但在实际施行中情况并不乐观，许多中小企业尤其是民营企业"五险一金"的缴纳大打折扣，企业年金更几乎是国有大中型企业尤其是垄断企业的专利，覆盖率极低。社保体系的不完善给企业并购增加了诸多顾虑和职工安置上的纠纷，虽然存在许多客观原因，但政府职能一定程度上的缺位不容否认。

第二节　中国政府在公司并购中的
职能错位发生机理

本章第一节列举了我国政府干预并购活动中存在的职能错位问题。这种错位主要体现在政府职能运行的"越位"和"缺位"上。政府职能"越位"，简单说就是政府管了不该管的事，在并购领域中主要表现为政府身兼"裁判员"和"运动员"双重身份以行政意志替代市场机制，过度监管和地方保护主义。政府职能"缺位"，即指政府该管的没管。在并购领域中主要表现为并购立法、并购执法和社会保障体系建设上的缺陷。政府的基本职能，一句话概括就是"组织和执行公共物品的供给"。过多介入干预微观层面的市场经营活动，易导致职能"越位"。法律环境和社保体系建设这些"公共物品"供给的缺失，则体现职能"缺位"。这些错位现象的内在发生机理究竟如何，下面分别分析阐述。

一、政府职能"越位"发生机理

（一）政府的企业所有者身份决定的基本经济关系导致"政企不分"

人们之所以要求转变政府职能，治理政府职能越位现象，其实重点是要改变一件事：政府不要再干涉微观企业市场经营，或者叫作"政企分开"。可是我们是否认真想过，为何"政企分开"我们呼吁了那么多年，政府却总在管企业，政府真的那么想管企业吗？实际上，我国国有经济占主体，政府的国企所有者身份的现实所代表的基本经济关系，已经决定了政府必须管企业，不管还不行。政府作为国有资产的所有者，客观上与国企的管理者和员工形成了一种"委托人—代理人"的关系。为防止道德风险，维护资本方利益，政府必须行使委托人权力，监督国有资产使用和处置，以避免代理人不负责任的经营对资本利益造成的损失。资本所有者可采用多种市场经济的方式来行使资本监管权，主要包括：亲自经营管理、董事会决策、股东会表决、二级市场买卖股票等。然而对于国有企业来说，只要国资所有者要行使监督权，就总会滑入"政府管企业"的怪圈中。因为国有资产既然为国家所有，总是需要一个国有机构来代表"国家"行使所有者职能，无论这个国有机构是"国资委"还是"计委"，抑或"人大"、"国务院"，在广义上，都属于政府的概念范畴。政府管企业，"层层审批"等"管制"措施很难避免，某种程度不无道理。因为政府"放权"，确实能够大大提高企业经营的自主权和灵活性，但由于代理人道德风险的存在，也面临着管理人"权力滥用"等问题。例如，许多国企的并购交易中，出现国企负责人为谋一己私利，有意低估国有资产价值，造成国有资产流失的案例。试想只要此类不公平现象存在，政府不加紧"管束"，老百姓也不答应。因为国有制、公有制本身对公平性的要求。

我国政府管理企业，总是在"收权"和"放权"中摇摆不定。"收权"容易"一管就死"，企业没有活力，市场效率降低，政府被批"越位"；"放权"则容易导致权力滥用，国有资产流失，"放"的"度"很难把握。相比之下，"放权"引发的后果似乎更严重，尤其是在"不患寡而患不公"的中国社会心理特点下，在民意舆论上更不讨好。利弊权衡下，政府往往倾向于"收权"。总之，在政府作为企业所有权主体尤其是大部分企业所有权主体的情况下，基本经济关系决定了"政企"难以"分开"，政府容易"越位"，我想这也是我国政府大力推行国企混合所有制改革的初衷之一吧。

（二）传统观念和计划经济思想是"越位"的认识根源

与欧美发达国家相比，中国社会缺少深厚的民主法治的思想观念基础，"官本位"观念根深蒂固。长期以来，封建社会或半封建、半殖民地社会的"人治"传统，使得老百姓总是习惯性地将政府和官员视为"青天大老爷"，政府和官员也自视为社会的"统治者"。中国社会历史发展进程中民主化环节的不足和缺失，导致这种思想余毒残留至今。新中国成立后，长期实行计划经济体制，计划经济中政府作为整个社会系统的组织和分配中心，职能范围无限扩大，"全能政府"影响无所不在。此时讨论所谓政府职能"越位"的概念是无意义的。改革开放至今，我国仍然处于由计划经济向市场经济转轨的时期，尽管在政府职能转变，简政放权方面有了很大进步，但思想观念的完全转变绝不是一朝一夕的事。计划经济时期遗留的"政府万能"的惯性思维仍然对政府官员有影响。思想认识决定行为，传统观念和计划经济思想的余留，也是我国众多经济领域包括并购领域中政府职能频频"越位"的根源之一。

（三）政府部门自利动机、政府官员寻租动机是"越位"的利益根源

依照公共选择理论的观点，地方政府及其各部门都是"理性经济人"，在自身所拥有的资源、政策环境等既定约束条件下，寻求各地区或本部门的利益最大化。因此政府及其部门也有自利动机。权力是获取利益的重要手段。政府及其部门的职能范围和影响程度越大，如行政审批项目的越多、越关键，意味着获利的能力和可能性越大。地方政府出于自利动机，可能动用行政权力"拉郎配"，强行推进本地区优势企业并购亏损企业，"制造"企业集团；也可能运用行政权力，对损害本地区利益的跨地区并购设置障碍，实行地方保护主义政策。政府部门出于部门自利动机，就可能巧立名目，对并购活动设立各种审批项目，并对此收费，获取各种显性或隐性的利益。政府及其部门若失去了这种职能影响力，也就丧失了这种主动性获利的条件，这也是行政审批制度改革困难重重的原因所在。权力导致腐败，绝对权利导致绝对腐败。作为政府职能实际执行者的政府官员，也是"理性人"，在制衡和惩戒措施不够完善的情况下，具有利用职权影响力"设租"和"寻租"的动机。政府管得越多、越严，其"设租"和"寻租"的机会越多。可见，政府部门自利和官员的寻租动机是交易金额高、利益牵涉面大的企业并购领域政府容易过度监管，喜欢"越位"的重要原因。

（四）现行财税体制是跨财政层级、跨地区并购中地方行政保护的制度根源

1994年，我国进行了财税体制重大改革，实行分税制。即根据中央政府和地方政府的事权确定其相应的财权，将国家税种在中央和地方政府之间进行划分，借以确定中央财政和地方财政的收入范围和收入体系。分税制将消费税、关税、中央企业所得税等税收归中央政府收入，将营业税、个人所得税、地方企业所得税、土地增值税等税收归地方政府收入，而增值税、资源税等税收作为中央和地方的共享税。分税制在市场化经济国家普遍推行，克服了原来包干制、分成制缺陷，总体适应我国政治和经济体制的要求。但企业按照财政层级和注册所在地征税的规定，却对于跨财政层级、跨地区的企业并购发展形成阻碍。由于中央企业所得税归中央，地方企业所得税归企业所属地方政府。这样，当中央企业并购地方企业后，企业所得税将归中央；甲地企业并购乙地企业后，企业所得税将归甲地。因此，跨财政层级、跨地区并购可能造成被并购企业所在地税收收入的减少，遭到当地政府的阻挠。尤其是针对当地盈利企业的并购，由于利益受损，当地政府往往强势介入，动用行政权力层层设障，百般阻挠，严重"越位"，阻

碍企业通过并购实现强强联合，优势互补。

（五）GDP 至上的政绩考核机制变相鼓励企业并购领域政府越位行为

长期以来，由于我国政府工作都以经济建设为中心，而且片面强调发展速度，政府政绩考核机制也长期将地区生产总值作为主要考核指标。这就造成地方政府为了出政绩，想方设法力图在短期内迅速做大 GDP。而企业并购恰好具有短时间迅速扩大企业规模，提高总产出的特点。这也难怪地方政府十分热衷于推动地方企业通过并购对外扩张，尤其是跨地域扩张，并不惜为此以行政意志替代市场机制，罔顾企业自身意愿和战略需要，只为追求规模效应，强行"拉郎配"、"归大堆"，或为促成并购而牺牲国家和纳税人利益，给予企业超常规优惠政策。不得不说这种唯 GDP 论的政绩考核机制间接鼓励了政府过度干预企业并购的"越位"行为。

二、并购中政府职能"缺位"发生机理

并购中政府职能"缺位"固然有政府行政资源不足、施政条件不具备或未成熟、物质技术基础薄弱等客观原因，但政府自身存在的缺陷亦责无旁贷。

（一）政府部门对市场经济中政府基本职能认识不到位

市场经济机制下，政府基本职能就是"组织和执行公共物品的供给"。在经济学理论中，"公共物品"由于消费上不具备排他性，容易引发"搭便车"现象，造成市场机制下公共物品的供给不足。因而公共物品应由政府来保证供给，以克服市场失灵。而私有物品由于消费具有排他性，不存在"搭便车"现象，依靠市场机制就能实现供需均衡，政府过多干预反而导致资源浪费。政府供给的"公共物品"具体来说应该包括稳定的宏观经济环境、经济基础设施和公共服务。并购领域中完善健全的法律制度环境、执法制度建设和社会保障体系就属于"公共物品"，应该是政府施政的重点。可由于认识的不到位，政府部门长期以来总是对市场机制能够实现资源合理配置的具体并购交易行为管得太多，对于法律体系建设、执法体系建设和社保体系建设等"公共物品"供给的重视不足，从而导致政府职能的"缺位"。

（二）经济利益的驱使

尽管政府部门的职能行使应该属于一种公共服务行为，其行政成本已主要由纳税人供给，服务应强调公益性，不能以利益为导向。但在行政实践中，许多政

府部门常常对行政审批、收费服务等能够产生经济效益的职能行使兴趣盎然。对于法制建设、制度完善、社会福利保障等无法直接产生经济效益，甚至还要倒贴"花钱"的职能行使，却往往选择性忽视或懈怠，在并购领域也是如此。久而久之，相应职能范畴的"缺位"现象自然显现。

（三）不合理的政绩观导向

我国的政绩考核体系制定有一种不合理倾向，考核指标的评定过于强调统计数字的直观化，考核周期也较短。这样对执政者产生了一种不尽正确的政绩观导向，即重视周期短、见效快的职能范畴和执政标的，对于制度环境优化、标准体系规范、基础平台建设等见效慢，效果难以量化，却能带来长远利益的职能范畴资源投入不足，形成"缺位"。并购领域显然也受此影响。

（四）政府履职责任监督约束机制不足

我国关于政府履职的责任监管和约束机制建设力度不够，特别是法律约束机制不足。随着我国行政法治化进程的加快，《行政诉讼法》、《国家赔偿法》等约束控制政府行政行为的法律也相继出台。但这些法律、法规的关注重点仍是放在行政违法上，对于行政不作为等政府"缺位"行为却很少涉及，规定也不够具体和全面。如我国《行政诉讼法》中规定能够提起行政不作为诉讼或复议的只有三种案件，且以侵犯个人利益为前提，不包括侵犯国家利益和公共利益。行政机关即使在行政不作为的诉讼官司中败诉，也仅仅受到责令其在一定期限内履行法定职责的处理，显然毫无威慑力。这种监督约束机制的不足导致我国在并购实践中，尤其在行政审批环节，政府部门通过行政不作为逃避责任、设置"软障碍"、隐性"设租"的现象屡屡发生。

第三节　中国政府合理有效干预公司并购的政策建议

一、市场经济条件下政府经济政策的特点

（1）政府在处理自身与市场的关系，制定和实施经济政策时都应该遵循一个基本原则：政府政策应该在有效发挥市场机制作用的前提下，弥补市场缺陷，

矫正市场失灵。政府的主要经济职能应该是为市场的正常运行提供稳定的宏观环境和制度保障，而不是去替代和控制市场。

（2）政府经济政策的制定和实施既要依法而行，杜绝长官意志和天马行空；又要与时俱进，具有一定前瞻性。

（3）政府经济政策的主要目标是提高社会经济效率，维护社会公平公正，实现社会和谐发展。

二、市场经济中政府的基本职能

以往对市场经济条件下政府职能的认识存在一种错误观点，认为市场化就是政府管的事越少越好。实际上，市场经济机制对政府的要求是管好该管的事，不该管的别管，既不要"越位"，也不要"缺位"。那么哪些是政府真正应该管好的事呢？

市场经济中政府的基本职能，就是"组织和执行公共物品的供给"。"公共物品"是一个经济学概念，既可指有形的物品，也可指无形的物品，如服务等。但这类物品的共同特点是消费具有非竞争性和非排他性。非竞争性是指某人对公共物品的消费并不影响其他人对该物品消费的效用。非排他性是指某人消费公共物品，不能排除其他人对该物品的消费。由于非排他性引发的"搭便车"等问题，公共物品主要由政府提供。市场经济中政府应该重点供给的公共物品主要包括以下几种：

（一）产权保护

产权的保护是一种公共物品，这种权力的保障一经确立，就适用于社会的所有人。市场经济体制中，产权的保护，是政府的最重要职能之一。只有当产权得到清楚的界定和保护时，参与经济活动的行为主体才能对各自行为的方式和后果有稳定的预期，市场才能以正常秩序运行，市场规律才能真正发挥作用，从而优化资源配置，提高市场效率，降低交易成本。在我国市场经济体制的发展过程中，政府首先应该履行好产权保护的职能，尤其是财产所有权保护，这也是广大企业家特别是民营企业家最关心、最重视的问题。

（二）稳定的宏观经济环境

平稳可预期的宏观经济环境是一种可使身处其中的所有经济活动参与者获益的公共物品，而它的获取离不开政府有效的宏观调控，所以主要依靠政府来提供。稳定的宏观经济环境能有效降低市场风险，使投资、消费等经济活动有效果、可预期，还有利于吸引外资，是促进经济平稳较快发展的必要条件。市场微观主体只能"消费"这种环境，只有拥有强大财政政策和货币政策调控手段的政府才能创造它，这也是政府义不容辞的职责所在。

（三）基础设施建设

包括公共市政、交通、电力、水利、教育机构、医疗机构以及基础科学研究等经济基础设施能够普惠全社会，是经济发展的坚实物质基础，应由政府按公共物品的方式来组织提供。

（四）公共服务的提供和完善

包括环保、消防救灾、城市规划、社会福利、食品安全监管、信息收集与发布等公共服务的水平高低，直接反映了社会文明程度、经济发展水平、公民福利水平和政府服务能力，当然是政府的重要职能范畴。

三、政府合理有效干预公司并购基本原则

公司并购作为一种典型的微观市场行为，归根到底，其行为和决策主体应该为企业本身，其运作应遵循市场规律，让市场决定其资源配置和最终成败。政府的干预应该适度，主要是维护有效竞争，弥补市场不足，通过致力于完善法律法规和市场制度等优化并购市场环境的职能行使，从根本上为中国企业并购的健康发展保驾护航。

（一）维护企业主体地位

政府不能越俎代庖，要坚持企业在并购中的主体地位，充分尊重企业自身意愿，激发和调动企业的主观能动性和参与热情。重点是制定和完善科学合理的产业政策，促发企业自觉自愿参与并购。

（二）发挥市场化运作机制的作用

规范政府行为，遵从市场规律，让市场在资源配置中发挥决定性作用。通过完善市场规则和市场体制机制建设，促进我国并购市场体系进一步健全和健康有序发展。

（三）维护有效竞争的市场格局

通过制定统筹兼顾的产业政策，在推动优势企业兼并重组的同时，带动中小企业协调发展，促进各种所有制企业公平竞争和优胜劣汰。

（四）培育和谐稳定的宏观经济环境

完善与并购相关的法律体系和制度规定，严格执法，依法保障企业并购中各利益主体的合法权益。继续健全社会保障体系，落实相关政策，妥善解决并购中的职工安置问题，确保整体宏观环境的和谐稳定。

（五）改进政府自身的公共管理和服务水平

简政放权，科学管理，完善企业并购信息服务平台，努力提高各类政府服务组织、行业协会和中介服务机构的专业化、规范化水平，打造管理、服务企业并购的"软实力"。

四、政府合理有效干预公司并购政策建议

在明确了市场经济中政府的基本职能以及合理有效干预并购的基本原则之后，结合我国并购市场发展的实际情况，提出以下几条具体建议：

（一）市场化主体培育

前文已经指出，政府的国企所有者身份与企业经营者之间形成的"委托—代理"的基本经济关系，决定了政府必须管企业，不管就是对国有资产的不负责任，政企无法完全分开。政府管企业，不管不行，一管又很容易产生"越位"，于是就陷入"收权"，再"放权"，再"收权"，反反复复的怪圈中。在我国占据主导地位的国有企业，由于国有产权的关系无法真正脱离政府的羽翼，也就很难成为真正意义上的市场化主体，完全依靠市场机制进行并购的市场化运作，政府的"越位"行为也难以消除。总之，只要政府仍然是大多数企业所有权主体，企业就难称其为真正市场化主体，我国并购市场就难以让市场机制起决定作用。

突破困局必须要靠思路创新和制度创新。我国的基本经济制度是"以公有制为主导"，但"以公有制为主导"并不意味着国有产权就一定要在绝对数量上占"大头"。例如，在股份制公司中许多大股东只占20% ~ 30%的股份却仍能对公司决策起到决定性支配作用，同样的思路当然也可用于对"以公有制为主导"的理解。实际上，除了那些关系到国计民生、国家安全和国家经济命脉的领域外，其他领域无论是竞争性行业还是垄断性行业的国有企业的国有产权都可以逐渐退出或逐渐稀释，使企业回归到真正的市场化主体。"十二五"期间开展的混合所有制改革，正是我国在探索市场经济与国有制兼容之路上取得的重大成果。混合所有制经济是指由不同所有制的资本联合、融合或参股而形成的经济成分。

实践证明，混合所有制有利于改善国企的产权结构，推动国有产权的流动、重组和资源优化配置，还能通过吸收凝聚更多社会资本来提高国有资本的控制力、影响力和带动力。能够在体现公有制的主体地位的同时，使国企摆脱传统经营模式，打造成为真正的微观市场化主体。混合所有制改革是我国在培育市场化主体方面迈出的坚实一步。

（二）建设成熟市场环境

我国的企业并购要切实发挥市场机制的作用，实现真正的市场化运作，建设一个成熟优良的市场环境至关重要。市场环境的建设需要多头并进，需重点着手两个方面：

1. 发展完善企业交易市场

一个发达高效的企业交易市场，对企业并购的市场化运作和繁荣发展意义重大。因为对于并购公司自行寻找并购标的难度大成本高，效率低，而通过专门的产权交易市场则能轻松快速搞定。在并购重组过程中，一些必要的资产剥离出售交易是不可避免的，这时也需要专业交易场所来帮助撮合消化以及降低交易风险。因此，建设开放、竞争的企业交易市场，是政府完善企业并购市场环境的重要举措。

我国的企业交易市场主要包括各地的产权交易中心和上海、深圳两大证券交易所。两者都有需要完善之处。

1988年5月我国第一家产权交易市场在武汉成立至今，全国各地大概有各类产权交易市场约200多家。我国的产权交易市场都由各地政府建立和管理，还没有形成全国统一的产权交易市场体系，这就造成企业跨地区并购存在困难，全国范围内的资源配置不够顺畅，且容易助长并购的地方保护主义。所以，建立统一完善的全国性产权交易市场体系已是当务之急。但各地情况不一，协调难度很大，也不可操之过急，还是要一步一个脚印有序进行。比如，可以先行建立统一的信息交流网络平台，实现信息互通。然后在地区间充分协商、利益平衡的基础上着手建立跨地区中心，待条件完全成熟后再考虑组建全国性产权交易市场。

证券交易所是证券市场发展到一定阶段的产物，在市场经济中有重要地位，为投资者和企业提供全面的上市、交易、结算和市场信息服务，也为公司并购提供专业规范的场所。我国的沪深股市经过二十多年的发展，取得令人瞩目的巨大进步，也逐渐迈向成熟，但随着市场不断开放和规模的扩大，一些问题日益凸显，有待改善。主要是交易产品的创新不足。例如企业发行优先股、定向发行可转换债券或定向权证作为并购支付方式，在西方发达国家交易所已是成熟产品，在我国则有些刚做尝试，有些还未涉足。这都阻碍了并购活动的进一步发展，有待完善。

2. 推进市场中介机构建设

律师、会计师、审计师、资产评估师事务所和投资银行等各类中介机构凭借其强大的技术和信息优势，为企业并购提供专业周到的咨询服务，极大提高市场效率，是并购发展的催化剂。与发达国家相比，我国的中介机构建设无论数量还是质量都存在不小差距，这也是我国并购市场环境建设的一大短板。中介机构建设除了机构自身的专业水平外，最重要的就是保持其独立性和公正性。除了加强行业自律外，还应出台相关法规条例对违规行为予以惩戒。在我国，杜绝政府的行政干预也是维护中介机构独立性和公正性的重要方面。例如，以往在资产评估中，会出现政府为推动并购完成，干预评估过程，严重扰乱市场秩序，伤害中介机构信誉。需要指出的是，专业投资银行的加快建设刻不容缓。投资银行是资本市场最重要的专业中介机构之一，在国外，好的投行作为专业咨询服务顾问几乎是并购交易成功的基本保证。投行在目标搜寻、计划制订、资金融通、资本重组等方面为并购企业提供的帮助不可替代。

（三）完善社会保障体系

涵盖了医疗、养老、失业保险制度和社会救济制度的社会保障体系是现代国家和社会福利的最重要组成部分之一。完善的社保体系是减少社会动荡的"稳定器"，实现社会公平的"调节器"，经济社会发展的"推进器"。对于我国企业并购市场来说，完善的社保体系则是解决企业并购中职工安置难题的灵丹妙药。为提高经营效益，企业并购重组后的减员增效往往不可避免。若有了全面覆盖的社保体系，那些下岗并丧失再就业能力的职工的基本生存就能得到保障，既减轻了企业负担，又维护了社会稳定，自然也减少了企业并购的后顾之忧，提高了并购成功率，推动并购发展。

经过长期努力，我国社保体系建设取得了长足进步，但还存在管理体制分割、待遇差别较大、覆盖范围窄、保障水平低、社保基金保值压力大等一系列问题。要根据党的十八大报告提出的"全覆盖、保基本、多层次、可持续"的社会保障工作方针，通过扩大社会保障基金筹资渠道，逐步做实养老保险个人账户，整合城乡居民基本养老保险和基本医疗保险制度，推进企业和机关事业单位社会保险制度改革等措施，实现 2020 年"覆盖城乡居民的社会保障体系基本建立"。

（四）消除和减少对非国有经济限制和歧视政策

尽管政府在大小正式场合都大力宣扬民营经济和民营企业在繁荣社会主义经济，促进推动我国企业并购市场化发展方面做出的巨大贡献。我国经济领域长期以来对民营经济仍然存在根深蒂固的歧视，使得民营企业的许多市场并购行为尤其涉及国有企业时受到种种限制。一些研究人员将这些限制戏称为"经济壁垒"（如财税、产业政策方面的歧视规定）和"非经济壁垒"（如一些职工安置方面的地方性规定）。尤其在一些利润丰厚的垄断性行业几乎视为国企的禁脔，拒绝民企染指。即使尝试开放的垄断行业，如铁路和石油行业，许多无形壁垒也让大部分民企望而却步。少数吃螃蟹者也普遍感受到无形的"玻璃门"。这种对非国有经济的歧视和限制严重损害了我国并购市场的有效竞争，降低了并购市场的活力，必须予以消除。政府应该在融资、税收、土地、贸易、人才等方面给予民营企业等同于国企的政策待遇，在大多数领域尤其是竞争性领域放开民营企业并购国有企业的股份比例限制，这样才能充分激发民营企业这个富在并购市场的积极性和创造力，也能反向激发国有企业的危机感和紧迫感，实现平等竞争，共同发展。

（五）加强产权保护，激发民企并购热情

我们在前文总结市场经济中政府的基本职能时曾指出，保护产权应该是政府的首要职能，这一点怎样强调都不为过。一些经济学家曾经提出我国民营企业存在一种"并购惰性"，即对企业规模的扩大有一种近乎可笑的"恐惧"，还表现出一些出格行为，如"藏富"、挥金如土、大量移民、财富外流等，其实深层次原因都是源于民营企业家对制度环境的一种不安全感，主要是对私人财产所有权保障的不安全感。前段时期当出现利用"打黑"等社会事件大规模非法没收侵吞民营企业家私有财产的案例时，这种不安全感达到峰值。这是法治社会的悲哀，也是政府的失职。只有政府为参与经济活动的企业和个人提供稳定可预期的制度环境，切实保障最基本的私有财产权，企业尤其是民企才敢放开手脚，扩大企业规模，创造和积累财富。

参考文献

英文参考文献

[1] Aert, G. , and Campbell, R. Foreing Speculators and Emerging Equity Markets [J] . Journal of Finance, 1995, 50 (4): 3 –444.

[2] Admati, Anat R. and Paul Pfleiderer. Forcing Firms To Talk: Financial Disclosure Regulation and Externalities [J] . Review of Financial Studies, 2000 (13): 479 –519.

[3] Allan, Jay R. LBO—The Evolution of Financial Structures and Strategies [J] . Journal of Applied Corporate Finance, 1996 (8) .

[4] Alfred, E. Kahn. The ECoriomics of Regulations: Principles and Institutions [M] . The MIT Press. 1998.

[5] Arrow, K. J. Vertical Integration and Communication [J] . Bell Journal of Economics, 1975: 173 –183.

[6] American Bar Association. Section of Antitrust Law [Z] . Monograph 7, Merger Standards under U. S. Antitrust Law, 1980: 10.

[7] Artko, D. , and Spulber, D. Antitrust Enforcement umder Asymmetric Information [J] . The Economic Journal, 1999: 408 –426.

[8] Bain, J. Industrial Organization [M] . John Wiley & Sons, 1968.

[9] Baron, D. P. , and Besanko, A. Regulation, Asymmetric Information, and Auditing [J] . Rand Journal of Economics, 1984 (15): 447 –470.

[10] Bradley M. Interfirm Tender Offer and the Market for Corporate Control

[J] . Journal of Business, 1980.

[11] Beck, T. , Levine, R. , and Loayza, N. Finance and the sources of growth [J] . Journal of Financial Economics, 2000 (58): 261 - 300.

[12] Becker, G. S. A Theory of Competition among Pressure Groups for Political Influence [J] . Quarterly Journal of Economics, 1998: 371 - 400.

[13] Besanko, D. , and Sappington, D. Designing Regulatory Policy with Limited Information [J] . Harwood Academic Publishers, 1987.

[14] Bork, R. The Antitrust Paradox: A Policy at War with Itself [M] . New York, 1978.

[15] Buchanan, J. M. Constitution of Economic Policy [J] . American Economic Review, 1987.

[16] Buchanan, J. M. Public Choice after Socialism [J] . Public Choice, 1993 (77) .

[17] Caves. R. Mergers, Takeovers, and Economic Efficiency [J] . International Journal of Industrial Organization, 1992 (7) 105 - 121.

[18] Cao, Yuanzheng, Yingyi Qian, and Barry Weingast. From Federalism, Chinese Style to Privatization, Chinese Style [J] . Economics of Trantision, 1999 (7): 103 - 131。

[19] Chel, D. Efficient Capital Market Theory, The Market for Corporate Control, and The Regulation of Cash Tender Offers [J] . Texas Law Review, 1978 (57): 1 - 46.

[20] Coarse, R. H. The Problem of Social Cost [J] . Journal of Law and Economics, 1960.

[21] Davidson, Kenneth M. Mega - Mergers: Corporate America's Billion - Dollar Takeovers Harper and Row, Cambridge Mass [M] . New York, 1986.

[22] Dennis, Debra K. and John J. McConnell, [M] . Corporate Mergers and Security Returns [J] . Journal of Financial Economics, 1986 (16): 143 - 187.

[23] Dodd, P. , Ruback R. Tender Offes and Stockholder Returns: An Empirical Analysis [J] . Journal of Financial Economics, 1977.

[24] Fairburn, James A. and John A. Key Mergers and Merger Policy Oxford U-

niversity Press ［M］. Oxford, 1989.

［25］ Fama, E. F. Agency Problems and the Theory of the Firm ［J］. Journal of Political Economy, 1980.

［26］ Flystein, Neil The Transformation of Corporate Control Harvard University Press ［M］. Cambridge Mass, 1990.

［27］ Gilson, Romald J. The Law and Finance of Corporate Acquisitions The Foundations Press ［M］. Mineola NY, 1986.

［28］ Goldberg, Walter H. Mergers: Motives, Modes, Methods Nichols Publishing Co ［M］. New York, 1983.

［29］ Green, Milford B. Mergers and Acquisitions: Geographical and Spatial Perspectives Routledge Books ［M］. London, 1990.

［30］ Grossman, S. J. and Hart, O. D. An Analysis of the Principal – Agent Problem ［J］. Econometrica, 1983 (51).

［31］ Grossman, Sanford and Oliver Hart. The Costs and Benefits of Ownership: A Theory of Vertical and Lateral Integration ［J］. Journal of Political Economy, 1986 (94): 4.

［32］ Hart, Oliver, Andrei Shleifer and Robert Vishny. The Proper Scope of Government: Theory and an Application to Prisons ［J］. The Quarterly Journal of Economics, 1997.

［33］ Jensen M. C. , Meckling W. Theory of the Firm: Managerial Behavior, Agency Costs and Ownership Structure ［J］. Journal of Financial Economics, 1976.

［34］ Jensen M. C. Agency Cost of Free Cash Flow, Corporate Finance and Takeovers ［J］, American Economics Review, 1986.

［35］ Jensen M. C. The Modern Industrial Revolution, Exit, and the Failure of Internal Control Systems ［J］. Journal of Finance, 1993 (48): 831 – 880.

［36］ Khoury, Sarkis J. Transnational Mergers and Acquisitions in the United States Lexington Borks ［J］. Lexington Mass, 1980.

［37］ Kopp, Thomas J. Perspectives on Corpotate Takeovers University Press of America ［M］. Lanham MD. , 1990.

［38］ La Porta R. F. LoPez – De – Silanes, and A. Shleifer, Coprorate Ownership

Around the World [J] . Journal of Finance, 1999 (54): 471 –517.

[39] Lamoreanx, Naomi R. The Great Merger Movement in American Business 1895 – 1904 Cambridge University Press [M] . Gambridge, 1985.

[40] Lewellen W. G. , Huntsman B. Managerial Pay and Corporate Performance [J] . American Economic Review, 1970.

[41] Manne H. G. Mergers and the Market for Corporate Control [J] . Journal of Political Economy, 1965.

[42] Martin K. and John McConnell. Corporate Performance, Corporate Takeovers and Management Turnover [J] . Journal of Finance , 1991 (46): 671 –681.

[43] Meeks, G. Disappointing Marriage: A Study of the Gains from Merger [M] . Cambridge University Press, 1977.

[44] M. C. Jensen. Agency costs of Free Cash Flow, Corporate Finance and Takeovers [J] . American Economic Review, 1986 (5): 323 –329.

[45] Mueller, P. E. The Determinants and Effects of Mergers: An International Camparision Oelgeschlager [M] . Guna&Hain Books, Cambridge Mess, 1980.

[46] Mueller, P. E. Mergers and Markets Share [J] . Review of Economics and Statistics, 1985 (67): 259 –267.

[47] Mueller, D. Mergers: Gauses, Effects, and Policies [J] . International Journal of Industrial Organization, 1989 (7): 1 –10.

[48] Mueller D. C. A Theory of Conglomerate Mergers [J] . Quarterly Journal of Enocomics, 1969.

[49] Myers S. C. Determinants of Corporate Borrowing [J] . Journal of Financal Economics, 1977 (5): 147 –175.

[50] Myers Stewart C. , and Nicholas Majluf. Corporate Financing and Investment Decisions when Firms have Information that Investors do not have [J] . Journal of Financial Economics, 1984 (13): 187 –221.

[51] Nelson, Ralph I. Merger Movements in American Industry 1895 – 1956 Princeton University Press [M] . Princeton NJ, 1959.

[52] Nielsen J. F. and R. W. Melicher. A Financial Analysis of Acquisition and Merger Premiums [J] . Journal of Financial and Quantitative Analysis, 1973 (8):

139 - 162.

[53] Niskanen W. A. , Bureaucracy and Representative Government [J] . Aldine, Atherto, Chicago. 1971.

[54] Nerty, J. Insiders and Market Efficiency [J] . Journal of Finance, 1976: 1141 - 1148.

[55] Peltzman, S. Toward a More General Theory of Regulation [J] . Journal of Law and Economics, 1976 (19) .

[56] Posner, Richard A. Theories of Economic Regulation [J] . Bell Journal of Economics, 1974, 5 (2): 335 - 358.

[57] Ronald Q. , Hemmo S. K. Hemmes. Mergers and Acquisition: Reaction of Price and Earnings Estimates—Synergies are cited by managers [J] . But Hard to Find, Working Paper, 1999: 5 - 9.

[58] Roll Richard. The Hubris Hypothesis of Corporate Takeovers Journal of Business 1986 (59): 197 - 216.

[59] Roll Richard. The Hubris Hypothesis in Patrick Gaughan [J] . Readings in Mergers and Acquisition Blackwell, 1994 (47) .

[60] Stigler G. J. Monopoly and Oligopoly by Merger [J] . American Econommics Review, 1950, 40 (5): 23 - 24.

[61] Stigler, G. J. The Theory of Economic Regulation [J] . Bell Journal of Economics and Management Science, 1971 (2): 3 - 21.

[62] Stiglitz J. E. , Weiss A. Credit Rationing in Market with Imperfect Information [J] . American Economic Review, 1981 (71): 393 - 410.

[63] Stein J. C. Internal Capital Markets and the competition for Corporate Resources [J] . Journal of Finance, 1997 (52): 111 - 133.

[64] Shleifer A. , and R. W. Vishny. Politicians and Firms [J] . Quarterly Journal of Economics, 1994 (109): 995 - 1025.

[65] Shleifer A. , Robert V. Managerial Entrenchment—the Case of Manager specific Investments [J] . Journal of Financial Economics, 1989 (25): 123 - 139.

[66] Shleifer A. , Robert W. Vishny, Value Maximization and the Acquisition process [J] . Journal of Economic Perspectives, 1988, 2 (1): 7 - 20.

［67］ Shleifer A. , Robert W. Vishny. Stock Market Driven Acquisitions, National Bureau of Economic Research ［J］. Working Paper, 2001 (8439) .

［68］ Weston J. F. , & Chung K. S. Some Aspects of Merger Theory ［J］. Journal of the Midwest Finance Association, 1983 (12)：1 - 30.

［69］ Weston J. F. , Chung K. S. , and Siu J. A. Takeovers, Restructuring, and Corporate Governance ［J］. Prentice Hall, 1988：130 - 150.

［70］ Winston C. , Economic Deregulation：Days of Reckoning for Microeconomics ［J］. Journal of Economic Literature, 1993 (31)：1263 - 1289.

［71］ Williamson O. E. Markets and Hierarehies：Analysis and Antitrust Implieations ［M］. New York：Free Press, 1975 (135) .

［72］ Williamson Oliver E. Corporate Control and Business Behavior ［M］. Newjersey, Prentice Hall, 1970.

［73］ Weingast, Barry R. The Economic Role of Political Institutions：Market - Preserving Federalism and Economic Growth ［J］. Journal of Law, Economics and Organization, 1995 (11)：1 - 31.

中文参考文献

［1］《新帕尔格雷夫经济学大辞典》，经济科学出版社 1996 年版。

［2］《哈佛管理百科全书》（公司购并管理卷），中国社会出版社 2000 年版。

［3］ G. J. 施蒂格勒：《产业组织和政府管制》，上海人民出版社、上海三联书店 1996 年版。

［4］ 布坎南：《自由、市场和国家》，北京经济学院出版社 1988 年版。

［5］ 李斯特：《政治经济学的国民体系》，商务印书馆 1983 年版。

［6］ 植草益：《微观规制经济学》，中国发展出版社 1992 年版。

［7］ 小贾尔斯·伯吉斯：《管制和反垄断经济学》，上海财经大学出版社 2003 年版。

［8］ 丹尼尔·C. 缪勒：《公共选择理论》，中译本，中国社会科学出版社 1999 年版。

［9］ 史普博：《管制与市场》，上海三联书店、上海人民出版社 1999 年版。

［10］ 道格拉斯·诺斯：《制度、制度变迁与经济绩效》，中译本，上海三联

书店和上海人民出版社 1994 年版。

[11] 科斯：《企业、市场与法律》，上海三联书店 1990 年版。

[12] 刘迎秋：《中国经济升级版的内涵和打造路径》，《人民日报》，2013 年 5 月 16 日。

[13] 夏大慰主编：《产业组织：竞争与规制》，上海财经大学出版社 2002 年版。

[14] 卞耀武：《美国证券交易法律》，王宏译，法律出版社 1999 年版。

[15] 曹士兵：《反垄断法研究：从制度到一般理论》，法律出版社 1996 年版。

[16] 成思危：《政府如何管理企业》，民主与建设出版社 1998 年版。

[17] 陈富良：《放松规制与强化规制》，上海三联书店 2000 年版。

[18] 夏大慰、史东辉等：《政府规制：理论、经验与中国的改革》，经济科学出版社 2003 年版。

[19] 陈富良、万卫红：《企业行为与政府规制》，经济管理出版社 2001 年版。

[20] 文炳勋：《政府干预问题研究》，湖南人民出版社 2005 年版。

[21] 干春晖等：《企业并购：理论·实务·案例》，立信会计出版社 2002 年版。

[22] 郭志斌：《论政府激励性规制》，北京大学出版社 2002 年版。

[23] 韩世坤：《全球企业并购研究》，人民出版社 2002 年版。

[24] 何力平：《市场经济与政府职能》，黑龙江人民出版社 2000 年版。

[25] 谢地主编：《政府规制经济学》，高等教育出版社 2003 年版。

[26] 季晓南：《中国反垄断法研究》，人民法院出版社 2001 年版。

[27] 李郁芳：《转轨时期的政府微观规制行为》，经济科学出版社 2003 年版。

[28] 林新：《企业并购与竞争规制》，中国社会科学出版社 2001 年版。

[29] 刘恒：《外资并购行为与政府规制》，法律出版社 2000 年版。

[30] 卢现祥：《西方新制度经济学》，中国发展出版社 1996 年版。

[31] 史建三：《跨国并购论》，立信会计出版社 1998 年版。

[32] 金太军：《政府职能梳理与重构》，广东人民出版社 2002 年版。

［33］斯蒂格利茨：《政府为什么干预经济》，中国物资出版社 1998 年版。

［34］王玉霞：《现代企业兼并理论——研究与探索》，大连理工大学出版社 2003 年版。

［35］王一：《企业并购》，上海财经大学出版社 2001 年版。

［36］威廉姆森等：《企业制度与市场组织——交易费用经济学文选》，上海三联书店、上海人民出版社 1996 年版。

［37］国家统计局：《中国发展报告》，中国统计出版社 2002 年版。

［38］杨公朴、夏大慰：《现代产业经济学》，上海财经大学出版社 1999 年版。

［39］杨忠：《国际企业兼并浪潮启示》，《中国经济问题》，1997 年第 1 期。

［40］干春晖：《资源配置与企业兼并》，上海财经大学出版社 1997 年版。

［41］贺卫：《寻租经济学》，中国发展出版社 1999 年版。

［42］原红旗等：《资产重组对财务业绩影响的实证研究》，《上海证券报》1998 年 8 月 2 日。

［43］张维迎：《博弈论和信息经济学》，上海三联书店、上海人民出版社 1996 年版。

［44］张维迎：《企业的企业家——契约理论》，上海三联书店和上海人民出版社 1995 年版。

［45］赵炳贤：《资本运营论》，企业管理出版社 1997 年版。

［46］厉无畏主编：《转型中的中国经济》，上海人民出版社 1998 年版。

［47］常修泽：《资产重组：中国企业兼并研究》，陕西人民出版社 1992 年版。

［48］魏成龙：《企业规模经济——企业并购与企业集团发展研究》，中国经济出版社 1998 年版。

［49］樊纲主编：《金融发展与企业改革》，经济科学出版社 2000 年版。

［50］陈维政：《资产重组——聚变时代中权力的获得与利用》，西南财经大学出版社 1997 年版。

［51］林园中等：《欧盟〈合并规则〉及对我国合并立法的启示》，《南开经济研究》，1998 年第 1 期。

［52］马歇尔：《经济学原理》（上卷），商务印书馆 1983 年版。

［53］亚当·斯密：《国民财富的性质和原因的研究》，商务印书馆 1993 年版。

［54］德姆塞茨：《竞争的经济、法律和政治维度》，上海三联书店 1992 年版。

［55］刘文通：《公司兼并收购论》，北京大学出版社 1997 年版。

［56］王巍主编：《中国并购报告》，人民邮电出版社 2003 年版。

［57］国家体改委生产体制司：《资本营运全书》，中国经济出版社 1998 年版。

［58］黄亚钧、朱叶：《投资银行实务：资产重组与并购》，立信会计出版社 1998 年版。

［59］盛浩：《欧盟并购控制政策的演变与启示》，《中国流通经济》，2006 年第 12 期。

［60］王中美：《外资在华并购的反垄断规制问题研究》，《世界经济研究》，2007 年第 8 期。

［61］茅铭晨：《政府管制理论研究综述》，《管理世界》，2007 年第 2 期。

［62］李项峰、李郁芳：《政府规制外部性及其政策涵义》，《经济学研究》，2006 年 6 月。

［63］王自锋、邱立成、黄美玲：《论跨国并购与东道国政府的规制政策》，《科技管理研究》，2009 年第 7 期。

［64］王耀中、李晶：《略论政府规制与外资并购》——基于技术转移和市场结构的分析，《经济问题》，2008 年第 2 期。

［65］黄兴孪、沈维涛：《政府干预、内部人控制与上市公司并购绩效》，《经济管理》，2009 年第 6 期。

［66］沈冬梅、刘静：《政府干预对国有上市公司并购绩效影响的研究》，《现代商业》，2011 年第 7 期。

［67］李江：《企业并购中政府干预的经济学分析》，复旦大学，2003 年 5 月。

［68］方军雄：《政府干预、所有权性质与企业并购》，《管理世界》，2008 年第 9 期。

［69］潘红波、夏新平、余明桂：《政府干预、政治关联与地方国有企业并

购》,《经济研究》,2008 年第 4 期。

[70] 张淑芳:《行政垄断的成因分析及法律对策》,《法学研究》,1999 年第 4 期。

[71] 袁天荣、焦跃华:《政府干预企业并购的动机与行为》,《中南财经政法大学学报》,2006 年第 2 期。

[72] 杨志勇:《中国企业并购的政府行为探究》,《管理科学文摘》,2004 年第 2 期。

[73] 叶琪:《对实现我国钢铁行业规模经济的思考》,《南方金属》,2006 年。

[74] 陶莉、田银华:《论我国企业并购中政府行为的诺斯悖论》,《湖南工程学院学报》,2003 年 3 月第 13 卷第 1 期。

[75] 樊纲:《市场中的政府》,《中国改革》,2000 年第 8 期。

[76] 青木昌彦、凯文·穆尔多克、奥野正宽:《东亚经济发展中政府作用的新诠释:市场增进论》,《经济社会体制比较》,1996 年第 5 期。

[77] 青木昌彦、奥野正宽、冈崎哲二:《市场的作用、国家的作用》,中国发展出版社 2002 年版。

[78] 青木昌彦、钱颖一:《转轨经济中的公司治理结构》,中国经济出版社 1995 年版。

[79] 何旭强:《国有企业购并过程中的政府功能及角色定位》,《财经问题研究》,1998 年第 8 期。

[80] 彭卫华、刘江峰:《我国国有企业并购中的政府行为分析》,《江苏商论》,2003 年第 2 期。

[81] 全球并购研究中心:《中国并购报告》(2008),人民邮电出版社 2008 年 5 月版。

[82] 全球并购研究中心:《中国并购报告》(2007),人民邮电出版社 2007 年 4 月版。

[83] 全球并购研究中心:《中国并购报告》(2006),人民邮电出版社 2008 年 4 月版。

[84] 郝登攀:《我国政府在企业并购中的作用》,《江苏商论》,2005 年第 8 期。

［85］陈四清：《企业并购中政府行为定位》，《商业时代·学术评论》，2006年第7期。

［86］李郁明：《企业购并中的政府行为研究》，《企业经济》，2003年第12期。

［87］廖运凤等：《外资并购与国有企业资产重组》，企业管理出版社2004年9月。

［88］廖运凤：《中国企业海外并购案例》，企业管理出版社2007年4月。

［89］章昌裕、廖运凤：《最新外资并购案例》，中国商务出版社2008年9月。

［90］赵静：《第六次并购浪潮中的资源型并购研究》，浙江大学，2007年6月。

［91］于淞：《地方政府干预对企业并购绩效的影响研究》，苏州大学，2010年10月。

［92］齐安甜、张维：《中外企业并购动因对比与政府行为选择》，《中国地质大学学报》，2002年9月。

［93］鲍海滨：《中美外资并购政府审查制度之比较》，《中国工商管理研究》，2006年7月。

［94］邱立成、朱凌燕：《欧盟并购政府规制体系评介及启示》，《国际经济合作》，2007年第7期。

［95］尹文辉：《全球跨国并购发展趋势及其在华现状》，《统计研究》，2006年第6期。

［96］中国企业家联合会、中国企业家协会：《中国企业发展报告》（2001），企业管理出版社2001年版。

［97］刘兴强：《论现阶段我国的企业兼并收购》，《岭南学刊》，1998年第4期。

［98］罗建、杨晓明：《西方企业并购中的政府行为分析》，《财经科学》，2001年增刊。

［99］赵伟、邓曲恒：《企业并购与政府干预：实证研究与理论分析》，《浙江学刊》，1999年第6期。

［100］宋养琰：《西方国家企业并购的五大浪潮》，人民网理论频道，2007

年12月6日。

［101］中国国际金融有限公司：《当前中国并购市场概况及典型案例分析》，2012年5月。

［102］王春萍：《转轨时期国有企业兼并中的政府行为分析》，《西北工业大学学报（社会科学版）》，1999年9月第19卷第3期。

［103］徐卫卿：清科研究中心《2011年度中国并购市场研究报告》，2012年1月10日。

［104］朱毅捷：清科研究中心《2012年度中国并购市场研究报告》，2012年1月8日。

［105］郭旭东：《中国企业海外并购的产业视角》，《世界经济研究》，2007年第2期。

［106］投中集团：《2012年中国并购市场统计分析报告》，2013年1月。

［107］李传珂：《国有企业兼并的障碍因素分析》，《广西师院学报（哲学社会科学版）》，1999年12月第20卷第4期。

［108］秦永法：《国有企业兼并重组的难点》，《中国投资与建设》，1999年第4期。

［109］梁卫彬：《我国企业并购与政府的职能定位》，复旦大学，2005年4月。

［110］刘勇：《企业并购中政府行为的目标选择与寻租分析》，《经济评论》，2004年第2期。

［111］刘文通：《国有企业准兼并假说》，《经济研究》，1995年第8期。

［112］李文海：《我国企业集团兼并重组中的政府行为研究》，《统计研究》，2007年6月第24卷第6期。

［113］郑中：《论我国企业并购中政府行为的必然性》，《新疆职业大学学报》，2004年12月第12卷第4期。

［114］程小伟：《上市公司并购行为及其效应研究》，同济大学，2007年7月。

［115］《国务院关于促进企业兼并重组的意见》，国发〔2010〕27号文。

［116］王一：《企业并购理论及其在中国的应用》，复旦大学出版社2000年11月第1版。

［117］魏成龙:《企业产权交易与重组——提高中国企业并购绩效的路径分析》,中国经济出版社 2003 年版。

［118］唐绪兵:《中国企业并购规制》,经济管理出版社 2006 年版。

［119］尹豪:《中国企业并购的价值研究》,经济科学出版社 2011 年版。

［120］王江峰:《我国企业并购中的政府行为研究》,西北工业大学,2006 年 3 月。

［121］周昌仕:《政府控制下的公司并购模式及绩效研究》,暨南大学,2008 年 5 月。

［122］冯根福、吴林江:《我国上市公司并购绩效的实证研究》,《经济研究》,2001 年第 1 期。

［123］《国务院关于进一步优化企业兼并重组市场环境的意见》,国发〔2014〕14 号文。

［124］张新:《并购重组是否创造价值?——中国证券市场的理论与实证研究》,《经济研究》,2003 年第 6 期。

［125］李增泉、余谦、王晓坤:《掏空、支持与并购重组》,《经济研究》,2005 第 1 期。

［126］朱滔:《转型经济中上市公司并购行为与绩效研究》,中国金融出版社 2009 年版。

［127］夏立军、方轶强:《政府控制、治理环境与公司价值》,《经济研究》,2005 第 5 期。

［128］余红涛:《论中国经济转型中的企业并购》,复旦大学,2004 年 4 月。

［129］刘志强:《上市公司并购绩效及其影响因素的实证研究》,吉林大学,2007 年 6 月。

［130］秦芩、申来津:《政府法治化与政府职能"错位"、"越位"、"缺位"现象的治理》,《行政与法》,2006 年 3 月。

［131］王世峰、冯东祥:《转型期政府经济职能分析》,《呼伦贝尔学院学报》,2007 年 8 月第 15 卷第 4 期。

［132］王庆宏:《中国过渡经济学研究的反思》,《贵州财经学院学报》,2004 年第 5 期。

［133］杨先明、刘岩:《中国国内市场分割动因研究》,《思想战线》,2010

年第 2 期。

[134]《关于加快推进重点行业企业兼并重组的指导意见》，工信部〔2013〕
16 号文。

[135] 刘华：《中国地方政府职能的理性归位——中央与地方利益关系的视
角》，《武汉大学学报（哲学社会科学版)》，2009 年 7 月第 62 卷第 4 期。

[136] 李梅娟、李洪霞：《政府职能转变的动力和阻力分析》，《辽宁行政学
院学报》，2010 年第 4 期。

[137] 黎仕勇：《政府职能的正确定位是我国机构改革成功的关键》，《云南
社会科学》，2008 年理论专辑。

[138] 郑道英：《政府职能的强化、弱化和转化》，《实践与探索》，2004 年
第 6 期。

[139] 朱宝宪：《公司并购与重组》，清华大学出版社 2006 年版。

[140] 李春纲：《中国式收购》，科学出版社 2011 年版。

[141] 唐志雄、吕健：《上市公司资产重组中存在的问题及原因分析》，《西
安财经学院学报》，2005 年 12 月第 18 卷第 6 期。

[142] 吕丽娜、刘俊：《地方政府经济职能越位的表现、成因及矫正》，《湖
北社会科学》，2006 年第 9 期。

[143] 苏金生：《行政不作为的根源、危害性及其防治对策探讨》，《学术交
流》，2001 年 7 月第 4 期。

[144] 李艳：《论转轨时期政府的经济职能》，《山东财政学院学报》，2005
年第 5 期。

[145] 赵建国、周云圣：《论转轨时期我国政府的八大职能》，《东北财经大
学学报》，2002 年 5 月第 3 期。

[146] 王迎春：《浅析政府职能转变的制约因素》，《法制与社会》，2002 年
2 月。

[147] 朱美静、张瑜、郝君超：《论转型期我国地方政府经济职能的越位》，
《管理观察》，2009 年 6 月。

[148] 银温泉、才婉茹：《我国地方市场分割的成因和治理》，《经济研究》，
2001 年第 6 期。

[149] 史明霞：《我国地方政府职能的理性回归》，《中央财经大学学报》，

2010 年第 4 期。

［150］J. 费雷德·威斯通、S. 郑光、苏姗·E. 侯格：《兼并、重组与公司控制》，经济科学出版社 1998 年版。

［151］胡皓：《市场基础作用与政府恰当干预的有效融合》，《世界经济导刊》，2004 年第 6 期。

［152］马金城：《政府在企业购并重组中的角色定位》，《东北财经大学学报》，2000 年第 1 期。

［153］张含宇、韩巍：《转轨时期国有企业兼并中政府行为分析》，《山西财经大学学报》，2000 年第 6 期。

［154］袁宝华：《国有企业改革政策演变》，中国财政经济出版社 2003 年版。

［155］张成福、党秀云：《公共管理学》，中国人民大学出版社 2001 年版。

［156］王官诚：《消费心理学》，电子工业出版社 2004 年版。

［157］李娜、李刚：《浅谈我国行政改革之政府职能转变》，《中国商界》，2010 年 2 月 15 日。

后　记

本书即将出版之际，回首多年学习研究历程中的酸甜苦辣，不禁感慨万千。一路走来，多少良师、益友、亲朋的提携、关爱、鼓励和支持，一幕幕闪现，想要表达的只有发自内心的感激。

首先感谢我的博士导师刘迎秋教授。几年前慕恩师之名考入中国社科院，先生的谆谆教诲和言传身教，让我在博士三年的学习中，学有所成。恩师开阔的学术视野、独到的思想见解，使我感受到治学的无穷魅力；深厚的学养、渊博的学识、严谨的治学态度，使我受益终身。本书的研究主题、思路到具体内容的写作，刘老师都给予我极具匠心的指导和点拨，使我拨云见日，迅速体悟到学术研究的精髓。本书完成初稿后，刘老师反复地审阅，提出中肯的修改意见，倾注了大量心血。

感谢我的博士后导师、对外经济贸易大学金融学院的粟勤教授。粟老师治学严谨、学识渊博，对待研究工作精益求精，处处体现出严于律己、甘于寂寞、求真务实的学者风范。粟老师的言传身教，让我深深体悟到作为学者所应有的责任和担当。在本书审稿过程中，粟老师不顾自己身体有恙，仍然认真评阅，并提出宝贵建议，使我受益匪浅。在此衷心祝愿老师身体早日康复。

感谢对外经济贸易大学金融学院邱兆祥教授，邱老师的深厚学养、大师风范是我终生学习崇敬的楷模。还有中国社科院研究生院各位教授和老师，如李连仲教授、文学国教授、张宇燕教授、刘艳红老师、刘克龙老师等，他们的授业解惑和无私帮助让我获益良多。

感谢求学过程中给予我许多帮助的同学们，难忘所有同学们在课堂上的激烈争论和课后的互相切磋、愉快交流和热情帮助，难忘各届师兄弟们的欢聚一堂……

能够有幸结识这么多优秀的同学是我人生莫大的财富和幸运。

感谢关心我的领导和各位朋友，他们的理解和鼓励使我受到很大鼓舞。

最后要感谢家人对我的大力支持。父母亲养育了我，给我树立了正确的价值观和不怕困难、不断奋进的人生态度。岳父、岳母两位老人任劳任怨，操持家务，照顾孩子，为我解除了后顾之忧。还有我爱妻张芸芸和一对乖巧的儿女，在我工作和学业繁忙无暇顾及家庭时，没有一句怨言，反而时时关心和挂念我的身体健康。他们是夜色中永远为我点亮的灯，让我感到贴心的温暖，也给予我前进的动力。

祝所有关心、帮助、支持和鼓励过我的亲人和朋友们永远健康、快乐！

魏星

2016 年 6 月